一大把鲜切雏菊，
被他插进了我从前在古玩市场淘来的
七十年代大茶壶里。

哪怕这个屋子又遥远、又狭小,
也要去好好地得到它,
放进去我们自己和我们最爱的物事,
和它做好朋友。

一束墨百合插在青花瓶里,
我们都觉得真是好看啊,
甚至还相视一笑。

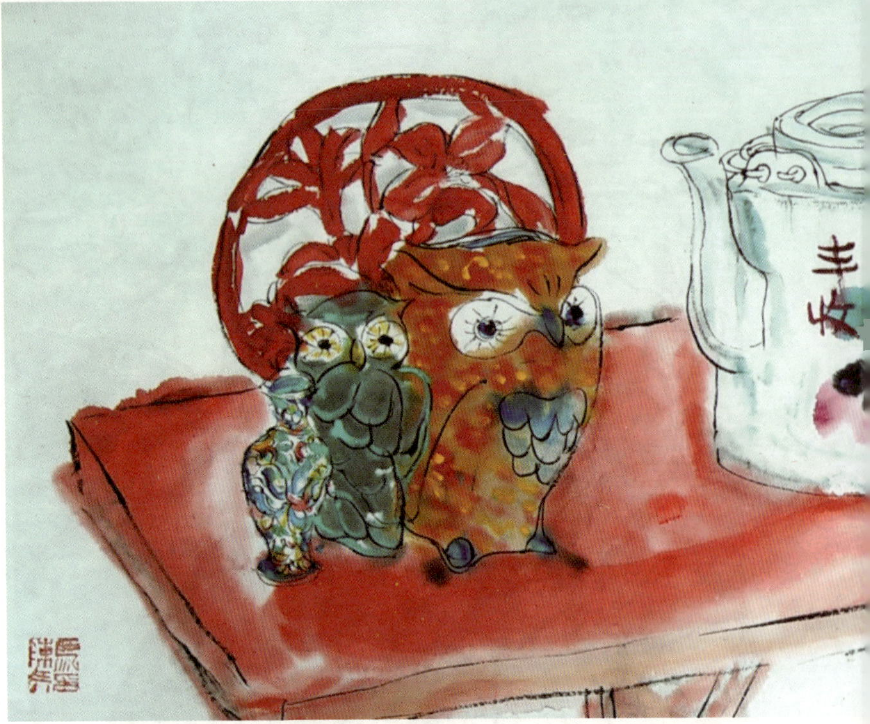

我们请人把棕红色的实木板架在墙上,
把各种茶叶装在各种老瓷罐里排成一溜儿,
归置在这个可爱的长条架上。

用鲜明艳丽的地毯布置的飘窗，
雍容如皇宫里的某间小室。

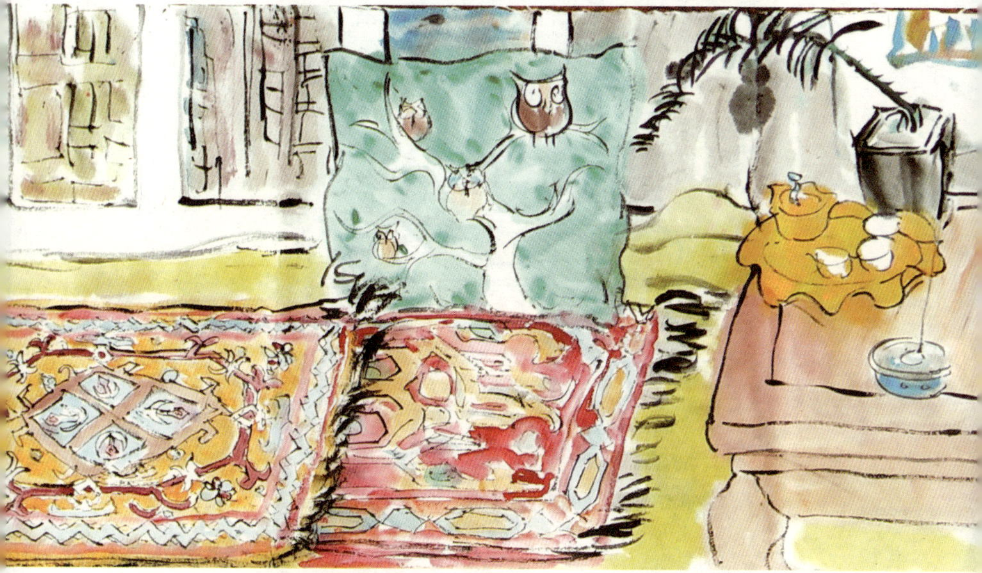

我们的小型烤箱是明黄色的，
冰箱和电开水壶也是明黄色的。

你生活的样子就是你灵魂的样子

忽兰 —— 著

北京时代华文书局

有态度的阅读

小马过河(天津)文化传播有限公司出品

自序

《你生活的样子就是你灵魂的样子》终于完成。居家与美食是核心，爱的章节被我命名为辨爱——二十年来辨别爱情，终于渐渐地知道什么是真正的爱。所以，小日子的打理、小美食的制作、大爱情的幻想，是这本书的三重奏，轰鸣吧！

十六年前，我在北京皇城根——著名的朝内大街上著名的人文社开始我的出版事业生涯。然而，在我清寒度日、以读书和黯然思考为己任的时候，我的同龄人们——一大批"'70后'好孩子"已经住进了一百二十平左右的大宅里。我的姐姐——一位大学里的教授和博导——忧心于我的清寒，希望我回到故乡住在自己的花园里，而不是在北京对着别人家的花园望洋兴叹。我很纳闷儿，她怎么认定我在北京就是为了望别人家的花园呢？我很郑重地对家人说，做出版只能在北京，搞文学只能在北京。我的家人们在那个春节全笑了。我的母亲却在半夜里哭了。

十年前,我正式调动进入重庆出版集团北京公司,担任文学中心主任,策划责编的图书几乎等身。然而,我蓦然发现:身边的"'80后'好孩子们"已经过上了"居大宅、出有车、食有三文鱼"的好日子。

我天生热爱蜗居。而且我积攒下来的钱只够买蜗居。我用我的出版人年薪买下的第一个蜗居在北京六环外,过了永定河就是河北地界了,但是与北京隔河谷相望,北京的新机场会在这附近建成——当然,是在八年后建成。是的,那是2012年,我拥有了酒店标间大小的蜗居。它的物业服务是五星级的,我的浴室是五星级的——没错,我满意极了!我出门就可以坐上开往北京天宫院的公交车,车票只要六元,车程四十分钟。

我的第二个蜗居在重庆。既然档案和单位都在重庆,在重庆怎么可以没有自己的宅子!而且重庆盛产美女,我希望在那里有了自己的家以后,再生活几年,我也能成为白肤窈窕大美人。这个家也是小巧的,但是它有吨位级标配——窗外的楼下是一个八百亩的公园。七八年过去了,那公园已成为森林,每次出地铁穿过森林回家,我觉得自己很棒。

在"90后"已经拥有一百二十平大宅并且"出有车"的时候,我又积攒了一点小钱,用公积金贷款,终于在武汉拥有了自己的小宅。

我用正常人买一套房子的钱给自己在三个地方置办了三个小蜗居。我的智慧姐姐说,你天生热爱住酒店吗?这哪里像烟火人家的日子!

其实我最不爱住酒店,出差住酒店——哪怕是五星级,在迈入的那一刻,我就觉得掉入了乱麻中,那是由无数不明信息构成的一团乱麻。

笑笑高考那年,我积极地劝说她考北京的大学,我希望我的蜗居有用武之地。最后,她考去了上海。正常人对蜗居不肯看第二眼。

我在武汉的蜗居标配是——盘龙城遗址公园和府河湿地公园。我给母亲和姐妹汇报,她们噗噗地笑——天花乱坠吧你就。

我像一个自封的小王,面容平静地行走在中国的大地上,以武汉为中,正北是北京,正西是重庆。有一天,我的手按住了地图上武汉向东的某个点——景德镇,我在那里买下一个老公房,把它改造成了茶室。

也许,此生我将不再置办蜗居。但是在蜗居里的生活——我终究把它们的可爱之处全部书写于纸上了。

忽兰,于2020年

目 录
CONTENTS

001 ———— 壹 蜗居者说
钻进蜗居,和鼹鼠一样惬意啊,喝茶吃点心。

087 ———— 贰 人食
两个要好半辈子以至一辈子的人,一定是一对默契的吃货。

165 ———— 叁 辨爱
真正的友爱略带苍凉。

扎心的文字，戳破的都是生活中真实的逻辑。

——千夫长

壹 蜗居者说

1

吃饭的样子是我们为人的第一课，
它应该是恬静的、高贵的

❦

若一个人不得已选择蜗居，是可以自救的，但如果一个人吃饭的样子出了问题，基本上就没救了。

看到有人吃饭吧嗒嘴，我就像看见一个家族脊梁里的骨髓炎——灰色的、败坏的、贪婪的、无所畏惧的、无赖的、没有信仰，更何谈规矩和理想、抱负和慈悲。

我的父亲是地道的山东烟台牟平人。小时候，我们不懂人因地域差异，性格和风骨会迥然不同。我们同大多数的人一样吧，除了在幼小心灵里保存着珍贵的真善美和勤劳质朴，其实是没有信仰的；再长大些，因为没有信仰，那点子真心也很容易就泯灭，几乎要变成一颗死鱼的眼珠子。但幸好，我们终于在泥泞里摸索，回头从大自然和万物中，把美德找回来，再也不丢弃。

父亲言传身教给我们的第一课就是吃饭的样子。他常说，做什么就要有做什么的样子。比如他推刨子的时候，紧紧抿着唇，眼睛微觑一刻也不离开木板，鼻梁骨那里看起来十分严肃。比如他为我们一大家子蒸花豆包时，笑盈盈地哼着小曲，水蒸气里是他专心忙碌的轻快身影。

吃饭时，他端坐着，温和，但不说话，更不嬉笑。其实，那时候的他也就三十多岁，是手工业联合社一个年轻的木匠——一个在宣传队里把二胡拉得极好的人，一个在每年体委举办的象棋比赛中总是拿第一的人，一个谦恭而自信的人，一个布尔津公认的最厚道的人。

他吃饭时绝不会发出吧唧的声音。我们三个做女儿的就学会了，专心地吃，温柔地吃，等到饭后的清茶时光，我们捧着琥珀色的茶汤，听大人们说事。我的小说里用到的故事，都来自那些年的宁静岁月里他们俩的叙说。

我的妈妈是四川人，泼辣、风风火火，是一名裁缝。她是上世纪八十年代布尔津第一个万元户，她的辛劳是每天站立在裁衣板后面十多个小时。到了老年，她的小腿上青筋扭曲，医生说这可是重体力劳动者才会有的腿。她过于拼命赚钱，希望我们曾经清苦的家富裕起来，希望三个女儿都能读大学、读得起大学。她中午在店里吃从家里带去的简单的饭菜，或者去人民医院食堂打一份面条、几个包子吃。夜里她回到家，父亲和我们已经把馒头蒸好、土豆白菜混合着羊肉炒好，奶茶也小小地沸腾了很久。妈妈着实饿坏了，她几乎是扑到了餐桌的热气中。我们笑着指责她那么不美，甚至是粗鲁的。于是妈妈哭了，在抽泣和痛骂中完成了她的女皇般的晚餐。

父亲和母亲一起出门社交，必会沐浴、剃须、更衣，然后推着自行车、带着礼物，端正地走进友人的家里。他们满怀喜悦地做客去，我们三个便解放了，常常决定大扫除，把家具重新摆，把小摆设摆到更显眼的位置，把所有的被单带到河边洗了、晒了。我们把做家务当成玩，心里真痛快，家里也焕然一新，就连院子里的红砖漫道都被我们用连着水泵的橡胶管喷洗得锃亮。他们的自行车在夜幕下进到院子里时，我们已经睡下了,带着喜悦出门的他们争吵着回来了。

——为什么吃饭的时候在桌子底下踢我。

——你的筷子在盘子里不要翻翻拣拣。

——一顿饭下来你踢了我多少次。

——吃饭的时候不要发出声音。

——你总是挑我的刺。

——骨头鱼刺不要直接吐到地上。

他们的对话,我们三个做女儿的听得明明白白。

这一生,我们会遇见很多人,绝大多数人与我们只是擦肩而过的关系。我们拣选别人,别人也拣选我们。往往一个细节,就不必浪费精力,就擦肩而过了。

吃饭吧嗒嘴的人,一定是一个内心满不在乎的人。我能认真地和他或者她说些什么知己的话语呢——因为他们不在乎。而且他们把欲望的满足看成人生第一要义——啊,吃的,太好吃了,吧咂吧咂吧咂……啊,满足的人生,胜利的占有。

如此不警醒且低级粗暴的人,对于真理和信仰也一定不以为意吧。所以我会立刻放弃和一个吃饭吧嗒嘴的人建交。被放弃的人不会伤心,我却是伤感的。那么美丽聪明、肯对我好的女子,却是一个一顿饭吧嗒嘴一千次的人,我再也不和她做朋友了。我偶尔远远地看见她,心里就升起伤感。

林那北女士曾经说,如果我的奶奶在世,看见肆无忌惮吧嗒嘴的人,她会立刻扔过去一把筷子制止。

能够及时纠正我们的人,我们总会心存感激。但是我是否有勇气告诉一个吃饭吧嗒嘴的人:嗨,哥们儿,咱吃饭能不发出声音吗?我试着规劝过一个女生,之后十次共进晚餐,她埋头的刹那间吧唧声顿起。我几乎在生自己的气——我早就该离去的,我怎么又和她共进晚餐?

我规劝过的第二个人。他很惊讶地说,不发出声音,如何咀嚼?

令我苦恼的是,就为了不听见吧唧声,我就得宣布绝交吗?

我常常被迫听一个人热烈地吧嗒嘴,彰显出他和他的父母亲族、祖上一万代的满不在乎。他们对贵族不曾留意,也不屑于做贵族,并且认为自己混得真是好——像刘邦那样流氓的好,他们真的一点儿都不谦恭。我拒绝和他们谈上帝和慈悲。

2

首先你得有一间属于自己的屋子,
哪怕它又小又遥远

🍇

我和猫君从汉口上火车去北京。他说他从前去京城都是为了看望儿子。我说,嘿,棉花胡同。他大声说,对!他的声音一点儿城府都没有,眼睛贼亮,也没有城府。恨不得天下人都知道他儿子是中戏毕业的青年编剧。其实我和他是一模一样的人,说起自己的女儿就仿佛她是智慧女神的化身。

——你进过他们学校吗?

——没进去过,每次都是在校门口接上他吃饭,旁边就是南锣鼓巷。

——那这次也去南锣鼓巷玩一圈?

猫君点点头。他虽然是个吃饭吧嗒嘴的主儿,但是我也懂——不能因为向来绝交吧嗒嘴者,就得和他掰。人间难遇彼此跟屁虫。

——那大兴你知道吗?

——没去过。

——咱们到了北京西站就往大兴去,地铁坐到头儿,天宫院,然后搭车一路南下,到达永定河,过了永定桥,咱家就到了。永定河北边是北京地界,南边是河北地界,不过北京新机场就建在那里,那你说咱家当然算是在北京了吧?!

跟屁虫赶紧回答,那当然就是北京,2020年飞机俯冲,空姐就通知大家伙儿北京到了,那落地处不是北京是哪里。

——而且北京野生动物园也在咱家旁边呢,那你说咱家不是北京难道是河北?

我们一起被自己逗得大笑。固安的开车师傅心想,这俩北漂把房子都买到固安了,还这么乐。

从天宫院到固安,搭车快点儿半个小时,慢点儿四十分钟,一路无边的野森林、菜园子、果园、花园、苗圃、村庄,我对猫君说,瞧,北京的肺,咱们可是在巨肺上生活,多优越。

这就把猫君带到了明明位于河北的我北京的家。猫君是见过世面的人,当他的脑海里出现首都开往雄安的城际轻轨,而固安是中间的一站,且城际轻轨与四号线相连,从固安到北京天安门全程一个小时,他拍拍我的肩膀说,这地儿选对了!

下了出租车,望着自家的楼,夕阳下立着不断肠的人。家门口有肯德基和麦当劳,猫君说,哇,我可以想吃就能吃到。

他这么捧场,直把固安当北京,接了好几个电话,他都说,离开重庆来北京了,刚进家……

我默默地打扫蜗居,觉得如果住在五环多好啊,方才广袤的大兴大地太大了,眼前直晃,风尘仆仆仿佛是落魄的同义词。猫君说,假如你住到了五环你又想三环了,我去买菜。

楼下那本城最大的商场和生鲜卖场,猫君敏捷地跃入,大包小包地回家。一大把鲜切雏菊,被他插进我从前在古玩市场淘来的七十年代大茶壶里,那上面有两个大字——丰收,壶盖上有俩小字——平安。猫君插花的样子挺帅。他买回了心里美青萝卜、三文鱼、熟羊杂、凉皮子。他说，果真是蔬菜基地直供，太丰富了。

他后来又和人在微信里大喊，太丰富了，杭州都比不上。

有这么个大卖场，我就在这待下去了。猫君的炒锅里腾起油烟，这当然就是家了，哪怕它又遥远、又微小。

我洗了个五星级的澡，这意思就是卫生间干湿分离，配有纯棉华夫纹的浴袍和洁白的梳妆镜台。我从卫生间出来，站在玄关，对着书桌前写字的猫君大喊，啊，家太大了，我遥遥地看见你，向你走来。

猫君说，我妈在问我们住几环。

我略一思忖，五环外，那不就是六环，就说六环。

——我妈还说我们有个亲戚住西二环，自购房；另一个亲戚住东五环，租的，不过他们都是名牌大学毕业分配进体制内的。

我听了心惊，世人总把他者放在手心里评估，斤两不差。

我在屋子的正中间站定，认真打量空间的可利用处和延展的可能性，于是我家双门小书柜上部的位置被我利用了——我买了一个樟木箱，专门用来放猫君满意的字画，樟木箱的美丽、香味和实用，对！这间屋子里的每一处空间、每一个物品都要一举三用才可。

在蜗居里自救，说的就是这个意思喽！但是，人生里的蜗居不仅指居住之地的逼仄，更指向心胸格局的突破、人生的历险、平安着陆后的守仁。

夜里，我啪地拉开沙发，就变成了一张大床。我问猫君，为什么感到很安全、很舒服？

我自己回答：那是因为我们住在自己的家里，眼睛里和手边全是我们最珍爱的物品，存住了生命中最值得怀念的信息，它们的能量抚慰着我们。所以，哪怕这个屋子又遥远、又狭小，也要去好好地得到它，放进去我们自己和我们最爱的物事，和它做好朋友。

3 钻进蜗居，和鼹鼠一样惬意啊，
喝茶吃点心

选择蜗居是为了什么？

是为了把日子过得更好。谁说家大业大才能快乐？我只知道在动物界，鼹鼠最惬意。

因为空间不是很大，所以物品更要讲究品位和质量。严格归类、收纳，紧凑摆放，这就显出家的殷实和温暖、主人的情调和素养了。

我见过很多人家有一个大电视对着一排沙发，中间有一个绊脚的茶几，我一点儿没觉得这样的家有什么可爱。如果有谁力邀我坐到那个高度莫名其妙且凌乱的茶几背后的软塌塌的沙发上，我就想皱眉头，就想逃走。

而且因为空间不是那么大，俩人动辄肩膀挨着肩膀坐到了一起——刚刚还吵架呢，立马就不得已地你看我一眼、我看你一眼。如果家很大，是不是冷战就有了条件？

猫君说，喝茶嘞！声音里没有半点儿刚被骂过的委屈。

于是我赶紧抱我的点心盒子去。其实方才还想划清敌我界限的。

我觉得自己要不就是变小了，要不就是变老了，因为我突然有了固定装备——点心盒子,据说旧社会的老人才成天把点心盒子藏在枕头底下呢。点心吃得没剩多少了,我就对猫君说,走,咱们去稻香村。

固安真像北京啊,每条大街、每个大卖场都有稻香村。我扑过去,喊着要枣花糕,要酥皮清香白果,要炒红果,别的一律不试。

你别看我说我在喊,其实那根本不是喊,因为北方人实在讲礼数,对任何人都不能威武粗暴地喊。声音可以大,但要转转的,甜甜的,亲亲的,儿化音,眼睛也要亲切地落在对方的身上。你若冷冷的,仿佛有阶层,那你就立刻混不下去了。

这样一来,人家就都不搭理你了——哪怕你是诺奖获得者。这一席话是我切切叮嘱猫君的。

我说,嘿,这不是你们南方,这儿太讲究礼数了。

他蠕动嘴唇,想反击我对南方的偏见,正好有人拉开稻香村的玻璃门要出去,猫君提前一步就哧溜一下出去了,那个拉门的男人就那么拉着门把手站着,突然被动地成了门童。

我赶紧用儿化音道歉。北方男人笑容可掬地说,这没什么,真的没什么。

我对猫君说,嘿,谁这么教你的?嘿,没人教过你吗?

我们就这么捧着点心,经过铜锅涮羊肉、北京烤鸭、羊蝎子、羊杂汤、东北饺子馆、韩国料理,在北风里大声吵架,劲儿劲儿地往家里走。

等我们钻进了蜗居,一忙着脱大衣、烧开水、沏茶,就暂时顾不上吵架了,就又肩膀挨着肩膀坐在一起吃点心了。猫君说,赶紧把炒红果冻起来,待会儿才好吃。

我到了固安后,最爱说嘿这个字了。它透着没事偷着乐,大事化小、小事化了的哲学。我顶不喜欢一个悍妇动辄要评评理的难看样儿,其实本尊就是这个样子。猫君说,你发现没,这里的人都特轻快,没心事,而且爱乐,透明、热情,是啥就是啥。

固安遍地京腔,他们一望永定河大桥,就觉得自己铁定得说儿化音才是正理。他们住的是自家的老屋,工资四千来块吧,带朋友们下馆子吃个涮肉什么的当然能吃得起。在这里,四条大马路构成一个大县城——好像县城都是这模样,而且味道也一样,悠然的,清洁的,有礼的,温情的。

炒红果搁冰箱里渐渐变成山楂雪糕的样子。我把棕褐色的百叶窗拉下来,我已经不生猫君的气了。我们请人把棕红色的实木板架在墙上,把各种茶叶装在各种老瓷罐里排成一溜儿,归置在这个可爱的长条架上。美丽的老瓷罐或者有自然开片,或者是粉彩,或者是浓浓的青花冰梅,它们好看、实用,而且还——超级保值哦。

夜里,猫君弯腰画百合,我在飘窗上的懒人沙发里看书。我把飘窗和正屋之间的欧根纱帘一拉,对猫君宣布,我在另一间屋子里看书哦,你自己在画室里画画哦。

后来,我跳下飘窗,把他画的百合花端详一下,说,花瓶得是青花的。

一束墨百合插在青花瓶里,我们都觉得真是好看啊,甚至还相视一笑。啊,敌人,我太不警惕啦。

4

坐在这小屋里,觉得人生
不应该是负重前行

❖

  物业费如果是一块二到一块八,那真是令人很担忧呢。我们在重庆化龙桥的家,小区的物业费在不久之前是八毛钱,物业鼓足勇气涨到了一块二。刚入住的那年春天,我和猫君傍晚到楼下散步,惊见院角有一个被芭蕉树密密围裹、可以直接望见嘉陵江的泳池,那蔚蓝色的贴砖,正是我们每一个人想象中的绿植环绕的传统泳池,晒凳和入水梯子扶手泛着白光,真是恍如回到了上世纪八十年代。

  然而,泳池已荒废,它静静地被时光灰尘覆住,通往泳池的石板条路几乎没有人来了,我们站在上了锁的小铁门外往里面看,那简直是上帝的伊甸园,而亚当和夏娃早已冲出乐园。如果物业费涨到两块八,泳池就能够重焕生机了吧。

  但是,一块二的物业标准,已经能让居住者享受到洁净、有序和安全了——露天地和大厅里的乒乓球桌,自动售卖机,快递柜,物业办公室长长的办公台整个白天都有工作人员,疯长的绿植。

  隔壁小区是回迁房,物业费一直是八毛钱,我们有时进那个小区去买豆腐脑和凉面,发现滞留很久的垃圾堆赤裸裸的,随处可见。居民说,如果物业费涨价,他们就要示威。于是,他们就匹配了那样一种物业管理方式。有一天我给妈妈打电话,问她在做什么。她在乌鲁木齐的家中略带兴奋地说,小区的人在喊她示威去——物业费不能涨。我说您老请留步,在家里喝茶吧。妈妈立刻就笑了,不去了。我一年大约回一到两次乌鲁木齐的母亲家,每次进小区都发现绿植一年比一年好,很感谢物业管理人员的辛劳付出。

回迁房不能住。我把经验传输给猫君——居家的气氛太过浓烈,老人喊、小孩叫,楼道电梯间被小广告一路贴满,楼道昏暗,墙上污渍斑斑,院子里的车辆停放得也很随意。哪怕买小点儿的房子,也要买品牌开发商精心设计后投向市场的商品房。

房子小,不给自己增添巨大的经济压力,生活中大可以把金钱的开支看成一件小事。猫君说我视金钱如生活。这个底气就来自我是一名蜗居者,我悠然若继承着亿万家产的新贵,在客厅兼着书房兼着餐厅的开间里读书,时而瞥一眼白百合又开了几朵,时而款步把旧时美物放在眼前慢慢看,真像一个夕阳老人啊——该拥有的已经全部拥有,曾经失去的全部找回来。

固安的公寓,物业费是两块五。十年前买房的时候,许多人大约会为了这两块五而放弃。我却没有去固安老城寻找二手的居民旧宅——当时二手房的价格是这个新公寓的拦腰一半。我在心里对自己说,我要的是一种优质的物业服务——他们的公司文化,管理者的气质和格局,传输给员工的工作态度和方式,决定一片小区的气象。

大厅若星级酒店大堂,电梯如镜,楼道清洁豁亮。我每次回来,心就静了——一位蜗居者,努力地创造五星级服务的生活感觉。然而,它一点儿都不奢靡,我的心底深处是质朴和知足,有着光辉的安康。

我这小小鼹鼠又在对猫君说话了：清咖配比萨饼吧。我们的小型烤箱是明黄色的，冰箱和电开水壶也是明黄色的。猫君说，坐在这小屋里，觉得人生不应该是负重前行。我说，青年和中年时代，当然应该负重前行，现在我们老了，到了放过和原谅自己的岁月，再也不要负重了，做小小的鼹鼠吧——低碳环保，悄悄待在角落里，自己乐，不去叨扰任何人，除非我们喜爱、敬重一个人，才去见他（她）。

小雪那天，猫君带着家里藏了五年的酒，坐半小时的出租车穿过无数的村庄和田野，抵达四号线起始站——天宫院。进入地铁，他很容易就给自己安排了一个座位，前往一个好听的站名——芍药居。他在那里与几个很可爱的人见面。

如果没有在固安蜗居，一种新的生活不会开启。我们对天安门的热爱——这深入骨髓的爱，我们用另一种方式创造了实现爱它的条件。

5 论建立标准和秩序的重要性

有一年深秋的周末,我从汉口回重庆的家。猫君没有跟我说他会在大月亮底下、在小区大门前斜坡的石阶上等我。

在重庆,爬坡是最常有的突然遇见。我们第一次去李子坝菜市场买菜,连着爬了两次大坡才到,猫君说他腿软眼花,再也不喜欢买菜。所以他到固安就不要重庆了——这是一个有了宝姐姐就把林妹妹忘了的人。

他从石阶上站起来。两个因为分开了一段时间而显得又崭新、又善良、又斯文的人,就像一只猫等来一只狗,不用说话的,并肩往家门钻,是人生正经事。

吵架不着急,总会到来的。我们温情地坐在餐桌旁,煎鹅肝、煲潮州牛丸汤、炒青菜——都是猫君的拿手菜式。一时竟然无话,大约我坐六个小时的火车有点儿累了。还有,我不敢仔细看屋子里的每一个细节,我侥幸地希望待会儿不会有太多的活儿要干。

晚饭后我进了厨房,从十一点半洗涮到一点。然后我去了卫生间,从一点洗涮到两点。然后我来到客厅,从两点擦拭到三点。最后我去卧室，四点的时候，我家的洗衣机开始工作了。

论建立标准和秩序的重要性（此处省略一万字讲演）。

猫君说我的口才有他的功劳。在吵架中，我的逻辑越来越严密，气势越来越稳健，用词精准到直接碾压敌人的任何辩解，进退自若——敌守我攻，敌攻我更攻；敌不怒我大怒，敌怒我暴怒。

七点天大亮，我在吵架中没有让手闲着，所有的水晶杯都被擦得锃亮。之前在大月亮底下羞涩执手回家的两个人，一定不是我们。

可恶，像对待廉价旅馆一样对待这个家。

可恶，本来做家务就是女人才拿手。

我终于在洁净雅致若公主城堡的家里躺下来。猫君说，睡到中午，咱们吃火锅去。他的声音轻轻的。我回答他，好的。声音也轻轻的。

就像我们方才没有吵架，而且我们从来就在这个城堡里做着王子和公主，养尊处优，这么干净的小屋都是别人打理出来的。

6 蜗居里要有十年以上的物事

十多年前,在那个大雪纷飞的冬天,在乌鲁木齐的十二月,我回到母亲的家,打算逗留几天。母亲家门前的那条热闹小街,路两边从西往东一溜儿,全是吃食——椒麻鸡、面肺子、凉皮子、烤肉、抓饭、拌面、炒米粉、烤包子。我只要想到了这些吃的,就会动思乡的念想,最后促成我订机票、上飞机。也正是这些吃的,在坚定地呼唤我。在这些吃食店的丛林里,竟然有一家茶叶店,兼卖瓷质茶具。

我在那个大雪纷飞的冬日,在这家茶叶店里挑选了两个略扁的瓷罐,一个是明黄色菊花纹的,一个是青花的,都带盖。我抱着它们回到母亲家里。现在想来,仿佛我那时的全部身家就只有这两个瓷罐,也仿佛对于我未来的全部家业来说,它们是奠基者。母亲说,又花钱买没用的。母亲还说,我觉得你不快乐,我觉得你的快乐都是假装的。

我不能悲怆,如果我落下眼泪,前路还怎么走!我告诉母亲,不,我很快乐——你将来会看到,我能过好,过得很好。

我们说这些没用的,真是没劲透了——两个虚无而要强的女人。其实,我能掷地有声地说些什么呢?我当时只能坐在母亲家的餐桌前端详这两个瓷罐罢了。一个五十元,两个一百元,这已经是一笔挺大的开支了。母亲说,把这些零碎钱省下来,积少成多,将来你也有点生活保障。我哈哈大笑,笑得惊天动地。我是真的快乐地大笑的,既没有酸腐之气,也没有愤慨命运的荒谬。上帝说,天真的人有福气。我从来都是一个天真的人。

每一年冬天,东莞的妹妹和妹夫,都会给我们大家寄很多很多的龙眼肉。我们像吃葡萄干一样吃它。煲汤嫌甜,泡茶嫌它在茶杯里很大。我买的这两个瓷罐,在十多年前被我塞进去了满满的龙眼肉。然后我把它们俩并排用袋子裹好,放进了母亲家冰箱的冷冻层。

十几年是这么快。我把一位职业者在一个领域里该做好的事情都做好了——取得出版资格中级证书,担任责编图书获奖,自己的写作获奖,出书,取得副高职称,照顾流浪猫狗,关心弱小而美好的人。我从来都不曾松懈,我的快乐从来都不是假装的,全部来自我走出的每一步——也包括那两个瓷罐吧。

这一天,我回母亲家,看见冷冻层里冰冻了十年的龙眼肉。那两个瓷罐——它们有着冰冷的瓶身和高贵的花纹——桀骜地再次站立在我眼前。

满满两大罐龙眼肉,我把它们带去重庆化龙桥,我和猫君的蜗居。储藏十年以上的龙眼肉,在东莞的老人眼里是至宝。它们变成深深的棕红色了,一个一个变得小了些,我取出一颗让猫君尝。他说,没吃过这么好吃的龙眼肉。我告诉他,十几年前存的。

我说完这句话,那年冬天纷纷扬扬的大雪就落满了我的全身。我记得在那个很冷很早的清晨,母亲送我到小区门口,我搭上车要去机场。我回头对母亲说,如果我不快乐的那一天真的到来了,我就再也不回来了。

这算不算是我对命运的誓言？胁迫命运，请它保护我的快乐千万不要丢失。我怎么可能不回来呢？回到母亲的身边，做一个最受宠爱的孩子，端坐在餐桌前，看母亲为我端来她拿手的菜式——糖醋鱼和过油肉。十多年前，她悄悄看我，擦一下自己的泪花，认定我这一生会不快乐。十多年后，她的笑声比我大，是我的朋友桫椤形容我的笑声的那种大——把屋顶掀了去。

7　　　　　　　　　　　　　拉开百叶窗，
　　　　　　　　　　　　　　　看漫天飞雪

　　——马谋发！

　　猫君站在固安开往北京天宫院的公交车站台，刷地回头，对着我的手机微笑，甚至还把围巾理了理，要显得飘逸飒爽。

　　——你还乐，都要谋发了，应该心事浩渺连广宇。

　　这一年他五十三，我常说的话——你也快六十的人了。于是他眼珠子转好几圈，很紧张。这一年我四十三，我常说的话——来来来，咱们提前进入养老时光了哦，千万别和我谈理想、谈发迹、谈别人家的老婆都得了什么文学大奖，我终于追不上历史了，太棒了。

　　我们到固安来的状态：携手入住"夕阳牌"老年公寓，吃点心喝茶，烹潮汕快递来的鱼虾，剩下的时间用来发愣、看书、散步、购物、吵架、和好、看电影、干家务，遥想一下亲人和往事，诚挚邀请他们来固安做客。

　　没有一个亲人响应，他们都知道我们是蜗居。

　　蜗居怎么了？我不服气，爬到飘窗上给满屋来个最大景深——我们的黄冰箱、黄烤箱、黄开水壶，多么有活力感！然后把照片发给乏味的中产阶级看。他们大约正在很大的房子里或者很气派的汽车里忙正经事,所以我没有收到回复——一直没有,直到今天。

猫君的母亲——我的婆婆大人,一位优雅的医生及画家——她倒是很希望帮到我们,于是去信给她哥哥的长孙——一位北京金融界的精英。婆婆说,陈兵近日来京谋求发展,望关照为盼。

于是猫君有了新的名字——马谋发。

那么,我们今天就进城,谋发去吧。

猫君的眼珠子转了好几圈,揣摩不出我的善意或者恶意。

我对猫君说,我们每一个人身上都有两对词语——往昔和现在,坏人和好人。

于是他就很崇拜我,决定不再分辨我的善恶。我们手拉手,忧伤又幸福,在满街黄落叶的固安县城慢慢地走。

车票六元,很是经济。我明显接收到马谋发同学被这个价格激动到了,因为他深呼吸了一下,面漾喜庆。

我们进了京城就忘了光荣和梦想,钻进了南锣鼓巷一家在胡同口开的铜锅涮肉店。我们不仅吃了涮肉爆肚,还对豆汁和焦圈儿赞不绝口,又摸到隔壁叫了份羊油渣炒麻豆腐,再摸到下一个隔壁,吃了卤煮和炒肝。直吃到夕阳的金光逼来,我们进到锣鼓巷里找三元梅园的宫廷酪干。坐上三轮车找,找累了就下车,两人吃了一串糖葫芦。天咔嚓就黑了。蓦然望去,全是灯火和人影,但我们相遇之后就对灿烂的灯火无感了。

我说,住城里吧。

猫君说,咱回家吧。

——城里多好,听听北京的汽车在马路上跑。

——还是家好,咱们快点儿,说不定还有六块钱的公交车呢。

　　猫君究竟谋发了吗?本书的最后一章一定会道来。

　　猫君说,咱们回家,天气预报说今夜有雪——你想啊,明早拉开百叶窗,漫天飞雪,会有多么好看!

　　——同学,你不是来北方看雪的,别忘了谋发!

8 人生的第二课，不要踩门槛

门槛是用来踩的吗？尤其我们去庙里，要把腿抬高，从门槛上跨过去。《红楼梦》里有一幕——王熙凤倚着门剔牙，估计脚踩在门槛上。

门槛不能踩。溥仪和婉容为了学自行车，把紫禁城好几处门槛锯了。

王熙凤和溥仪、婉容的结果都不好，一开始就透着不祥。

门关上，门槛就让门严丝密合。门敞着，门槛是仪式，庄重的分区，穿着鞋的脚怎么能大大咧咧放肆地碾压上去？我立刻就洞察到他者心底的不在乎，这样的人不会敬畏什么，更没有侠肝义胆。

和吃饭吧嗒嘴一样，踩门槛的人，一定可疑——留很长的指甲，脏着、黄着，甚至打了卷，时而去耳朵里掏弄一下——不仅是可疑了，简直令人想要逃掉。

门槛可以小坐一下——得是自己家的，而且大人上班去了，三五岁的儿童坐在门槛上吹风、发呆，看天、看地、看蝴蝶。她的手抚触着褐色的老木头，她和门槛是好朋友。

这一段文字和蜗居有关吗？当然有关。蜗居的人，谁也看不见她，但她吃饭无声，也从不踩门槛，指甲干干净净。

9

一屋子的百合香流过来，
像一条欢迎我回来的河流

❦

白百合的好，就在于它的花那么白，雪的颜色，而且摸上去厚厚的，叶子又很绿。白在绿里几朵几朵地舒展开雍容的、比手掌都大的花。

好看，香，开他个十天半个月——瞧，具备三项好处，当然就成了我每次买花的唯一选择。猫君喜欢新奇，有一次买一把像绿色玫瑰的桔梗回来，没有香味，样子像绢花，还没全开，突然脑袋就垂了下来。

所以依然是白百合。可是，红百合多喜庆。我自己去买花，忍不住就抱了粉红百合回来。他说，这种颜色挺俗气的。

我常常喜欢在喜洋洋的粉红色俗气里安静着，觉得自己过得真好，但是又得压住快乐的小心脏，不得有半点骄矜。

我们住在化龙桥的时候，是去重庆天地买花。抱着花走长长的路回家，路左边是嘉陵江，右边是佛图关，山上新安装了一部电动步道扶梯。我们很迷惘地边走边看，一座大山的爬山小路，竟然是一部电梯——露天的，应该会带个遮雨棚吧。山上叫石油路，而我们山下叫李子坝和化龙桥。石油路上有我们的好朋友松籽开的茶馆，他的一千本藏书摆在茶馆里。我们去他那里，几乎没有时间看书就下楼吃火锅去了，但每次去之前都说是要去翻翻书的。

以后去松籽的茶馆，就坐这部电梯去。高山仰止，我们的脖子都仰酸了，被就要竣工的电梯惊骇。

有一次粉红百合只开了三天，我们就要出远门。我们把粉红百合放到公共走廊的小花园里，心里默默谢谢它们这么美，希望有人抱它们回家。

在固安，每次都是猫君买花，所以每次都是白百合。一大束有十枝，每枝上有三四个淡绿的长条的花骨朵，结结实实。

固安从前的刘园古玩市场改造后，大院里卖花、新盖的三层楼里卖古玩和装裱字画。我们买了一个民国的青花高瓶，上面有一个不古不今的囍字。然后我们去大院里买了一大束白百合。

百合摆在家里的第三天，猫君就抱起花瓶到洗脸池那里给花剪根。花吸取水分的能力又恢复如新。第七天，猫君又抱起百合剪根，这一束百合已经变成很大一抱了，几十朵大花，每一朵都像一只白猫的脸，挤着猫君的脸。

有一天猫君独自出门去，我已回到汉口。傍晚，他带着一身的冷风回家，掏出钥匙，推开小家的门。他说，一屋子的百合香流过来，像一条欢迎我回来的河流，逝者如斯夫，夫复何求。

10 要善于发现处于价格洼地的楼盘

❦

价格洼地。这个词组后来我常常用到,用得津津有味、掷地有声,像一袋金子扔到地上。

有个叫欢欢的女孩,她三岁的时候跟着父母、姐姐、姥爷搬到我家住的那条巷子里。嘿,她简直就是女皇——说公主都小家子气了。谁敢和她顶嘴,或者玩闹中把她碰倒了,她便尖叫着一路泪水滂沱,高喊着"姥爷"回家去了——告状。我们全都一见她就战战兢兢的。我比她大八九岁。

我们大约失去往来二十年,她读了《布尔津光谱》,然后从网上找到我,她说她在杭州。我很想念我们童年和少年时在额尔齐斯河边探险的光辉岁月。她的突然现身几乎令我潸然,同时有种女皇驾到的习惯性反应,生怕哪里磕着她了,她又要高叫着"姥爷"奔回家告状。

姥爷已经去世了。叫欢欢的小女孩已经是两个孩子的妈了。她现身没多久,猫君终于在我的命运里现身——猫君也在杭州。这下我得承认欢欢和我缘分不浅。否则我们即使接上头,也会随着命运继续冲散罢。

我们在良渚准备家宴。猫君说,请你的发小来家里吃饭吧。

我们至今有这个传统，只有完成了在家里吃饭这个仪式，才算彼此认定为亲人式的朋友。没有这个仪式呢？那就是感情还没到一个份儿上。我们想起一个人的好，就会内心翻滚地想，嘿，当年人家那样真诚地请我去家里吃过饭的。于是情感是深沉的，不能放手的。

土鸡汤里搁当归、黄芪和西红柿，花胶用冰糖、红枣、枸杞、黄酒熬一整天。欢欢带着她的……她的什么呢？战利品吧——一车人轰轰下来，她的先生，一米九的东北帅哥；她的两个儿子，一个十岁，一个抱在怀里，刚会笑。她抱着一把向日葵、提着牛奶向我走来，就像把布尔津大地上的葵花和牛奶交给我。在良渚的黄昏里，我们认得彼此，欢喜里有悲情，为了逝去的我的父亲和她的姥爷。

价格洼地。欢欢说，她从西南大学毕业后一个人来到杭州，赶着价格洼地，买下了她的第一套房子。首付是妈妈、姐姐和她自己凑出来的。必须买，错过了这趟班车，就上不起后面的班车了。这是十年前的杭州，市郊的房子三四千一平，买房落户口，全都赶上了，从此就是杭州人了。她的妈妈和姐姐真是巾帼英雄，有远见卓识。欢欢自带女皇气质，天下人都要成全她。

十年前，猫君也在杭州。我惊讶地问他如何没有找到一个洼地赶一趟班车坐坐。他庄重地回答，一个艺术家就是要有把自己抛掷到没有退路的境地的决心。这一长串话我们完全听不懂。他用呆萌表示不知道我们正在鄙视他。

放了西红柿的土鸡汤，欢欢连着喝了三碗，花胶汤也喝了一碗，我们看着就又愉快又放心。女皇般的欢欢，我一看到她，女仆气质就爆发了。也许欢欢希望我拿捏着作家范儿出现在她面前，她就会很放心——知道我有生存能力。而我还是布尔津时光里的我，谦和卑微到令人发指,她是否有失望?

价格洼地。猫君也被这个词组征服了,熠熠闪光,一袋金子掉到地上。可是洼地在哪里?这一天,我们走在大雨中黄泥肆流的盘龙城,在遗址公园门前拍照,暴雨击打着猫君的头颅,他突然脑洞大开,惊呼:天哪,都2018年了,还有价格洼地给我们——快,立马拿下盘龙城遗址公园隔壁这个楼盘。

洼地的特征:人烟稀少,泥水横流,村烟袅袅,菜蔬油绿,但有标志性大建筑,预示着不久的将来一定会——大兴旺。

11 食材在无涂层的铸铁锅里充满滋味地熟了，一种安康的生活

❦

为了让猫君做一个舒心快乐的厨子，我买来调料架，竹木的，需要自己安装。我们坐在房间中央的地板上，盘着腿。我说，拿梅花起子来。那是什么？就是螺丝刀呗，但我们木匠的后代就该用这么专业的语言。猫君欣喜地说，螺丝刀口果然像梅花。于是更崇拜我，靠近我坐下。

既然是木匠的女儿，就是我主刀了。对照说明书搭架子，猫君扶着——怎么他是柔软的，而我是刚硬的？其实男人更喜欢温柔的、手连调料架都扶不住的孱弱女人，于是我叹了口气。

三层的调料架，仿若西北有高楼，巍然立在橱柜上。左边有菜板架，右边有刀架，所有的调料瓶集中过来。也就是说，猫君炒菜的时候，会眼明手快地拿起调料有序下锅，再不会大声对我喊，那什么在哪里？哦，他无需大声，我们俩在蜗居里的距离从没超过五米。

关键是做卫生，不仅调料罐要擦拭，调料架也要定期用去污粉整体擦一遍哦。放心，当然，一定。猫君的表态，我很怀疑。

为了让猫君做一个放开手脚做饭的厨子，我买来料理台，不锈钢的

那种,看起来很专业——上层切菜,下层可以放暂时不用的锅和盆。

——那就把蜗居和你拜托给你了哦。

——你快走吧,春节见。

猫君急着过单身汉的生活,我也急着回汉口过单身喵妈的日子。

小蜗居后来又添置了铸铁内胆的电饭煲、铸铁炒锅、铸铁炖锅。食材在无涂层的铸铁锅里充满滋味地熟了,一种安康的生活。

猫君做饭的时候一定会偶然走神吧,他也不太清楚自己怎么就降落在固安大地上,然后就扎根了。

扎根的意思就是他每天去一次以上楼下的超级生鲜大卖场,他一投身到里面,就觉得活着的愉悦感十分强烈,几乎是自由泳加仰泳加蝶泳加潜水。他去了一百次之后,还会无比兴奋地对他的某位老友描述:嘿,光二锅头就有两百种!

蜗居重在内质,也在外延。

12   每一个小角落都很金贵，
         都捯饬得舒心

❖

飘窗是一种冰凉的东西，它似乎把楼房墙体的寒凉都吸收过来了，南方的冬天和北方的四季，飘窗都是令人敬而远之的。

当年买固安的蜗居，销售人员说，房间带一个飘窗。那耳边的惊喜不啻于多得了一个房间。

豪宅人家在怎么使用飘窗？我曾观察过，竟然在光溜溜的瓷砖上扔了两个棉垫，就算是逍遥一角了。真潦草啊，谁会爬到这个寒凉的台子上受罪呢？所以豪宅多弃处。

蜗居者会把每一个小角落都看得很金贵，惜小怜微、暖老温贫是也。一个一米乘两米的飘窗，对我们来说，是可以倒吸一口喜气的人生遇见。

妈妈家里用了半个世纪的旧物——哈萨克牧业人家自己擀的羊毛毡，世间只有这个是隔寒气和潮气的。哈萨克毡房，其实就是简单的木头龙骨围裹毡子，地也铺满，便可以抵挡大雪寒风，一家老小温暖舒适。

灰棕的羊毛毡子，带着我们一家五口在布尔津额尔齐斯河边生活的时光印记，妈妈把它寄给了我。密密的，厚厚的，一铺到瓷砖的飘窗上，这方小天地就温煦了。

原色羊毛毡做底，再铺一块和田手工彩色地毯，我放了一个懒人沙发，再放一个老榆木的明黄炕桌，在飘窗和正屋之间拉起一面菊花叶纹的欧根纱帘子。猫君去刘园古玩市场裱的画，挂在飘窗的两面墙上，还有南京的海笑先生（《红红的雨花石》的作者）十五年前送我的书法和白百合插在青花瓶里的猫君的画。楼下修改裤边的女子送我一盆铁树，我换了好看的花盆，把它搁在炕桌一角。

飘窗渐渐地就固定为我们读书的地方，沏茶，燃香，人靠在懒人沙发里，脚搭在羊毛毡和地毯的厚实里，寒凉是一丝儿都感觉不到的。

我们买来手握式的吸尘器，一周把毛毡和地毯里里外外大力吸一遍粉尘。用鲜明艳丽的地毯布置的飘窗，雍容如皇宫里的某间小室。

我常常在这个角落看电影。经典老电影，我在里面遇见美和真理。

13 要善于使用蜗居周边的延伸空间，比如咖啡馆和公园

❦

我对猫君说，家里小是不怕的，因为我们可以抬腿走出去，把活动空间延伸到人类的公共区域，比如攻陷咖啡馆、电影院、图书馆。

这天下午，我们往永定河谷方向走，打算去河谷咖啡馆坐坐。如果往南走，可以去保定荷花淀和雄安，那里有我们的朋友桫椤，我们会得到吃、住、行一条龙的赞助。

我像军事指挥家那样给猫君看地图，并东西南北自如地敲敲点点画圈，就是在不断强化他蜗居自救的信心。嘴角的弧度，我说，嗨，笑起来，正能量和好运就吸引来了。

你看，我们可以把空间延伸到这么多地方，将来我们要去赤峰，那里有古玉；去岫岩，那里有河磨玉；去大兴安岭，那里有作家哥们诚然，吃、住、行全包；去大同，你的最爱。对，就这么一路北上或西行，以固安为原点，射线状出发。

你应该去做传销头目，或者卖房地产。猫君说他一认识我就被洗脑了。因为我描述的一切都令他觉得生活太美好了。但是，生活真的是美好的吗？

我心痛地说，马谋发同学，你从前都经历了什么，让你这么不相信社会的正能量怀抱和你自己的必然胜利的命运——啊，你的才华和善良，别辜负了它们。

我们现在行走在固安的大路上，清秋长空，黄叶满地，人烟稀少。中央公园就要到了，穿过去就是河谷咖啡馆。

过公园的时候，我们用一片最大的——比脸都大的黄叶子做道具，拍了很多流露幸福感的照片。猫君摆完各种造型留影后说，好远啊，我们走了五公里了吧。

就要到了哦，三五年以后，很多文化公司都会开到河谷里来的，那个什么，左岸咖啡馆，萨特、加缪、波伏娃。

猫君假装感冒了，鼻子哼了好几声。河北大地太质朴了，仿佛和牛鬼蛇神们确实不搭调。

手机显示我已经走了一万五千步的时候，我们终于打入河谷咖啡馆内部。咖啡馆有什么可说的吗？当然没什么可说的，无非就是美式咖啡和三明治，然后满室低头摆弄手机的男女，而且很没品地连猫都不养。猫君傲然说，我不会带着电脑来这里写作的。我问他，为什么呢？他说，因为我们家比这里好一百倍，我来了这里就要想家，所以我干吗要迈开腿走五公里路来这里——你以为走了五公里，这五公里就算是咱家的延伸空间了吗？

——那么，你一个人能热乎乎地把小日子过好吧？

——当然能，我们的家是五星级酒店哦。

猫君说的是实情，我们那层的公寓除了我们家，全部做了酒店。房间还挺贵，生意也挺好。害得我们每次拿出钥匙开门，都以为自己住进了每天几百块的酒店，而我们不用突然被服务员叫住续费。一种奇妙的窃喜。

猫君认为我是骗子,他想要的河谷是那种真正的荡气回肠的河谷。而永定河大桥一带不仅河床干枯了许多许多年,甚至连河谷地貌都挫骨扬灰地夷为荒野平原了。

咖啡馆也不叫河谷咖啡馆,这个名字是我自己臆想的。咖啡馆本身的名字我们完全忘记了。我们在大月亮底下再次穿过中央公园回家,走路太无聊了,于是决定吵架,边吵架边放声大笑,真像回到了小时候的县城时光——宁静,优柔。

14 / 大气磅礴地进行传说中的断舍离

那种小方或小圆塑料盒子,四五个一排,盖子翻飞,美其名曰调料盒,还挨个搭配一个塑料小勺的,居家千万别添置。

因为它不密封,无论是用它装盐还是装花椒粉,都容易板结、走味。而且它不美观,散兵游勇似的勉强集合在一条搁架上,油烟落上去,总也擦不利落,边边角角令人不省心。

有一年我回母亲家,整理厨房时灵机一动,把一排盒子连着里面的调料都扔了,盐的白色里沾着旁边花椒的褐色,白糖的颜色也是可疑的——也许是去年买的,拖拖拉拉地用了一年还没用完,而且这么惊心地裸着。

扔完了就天地一片清明,这就是传说中的断舍离。趁着大气磅礴,把母亲家的国产传统玻璃杯全扔了,到某东下单了几个意大利水晶杯。

母亲一弯腰发现这个没了,再一探手,发现那个没了,就用叹息来惩罚我,仿佛她的心都空了。但是意大利水晶杯到了后,她就欢天喜地唱着红歌、使用观赏了起来。家里来了客人,她一面待客,一面眼睛和水晶杯一样明亮。

我去超市买来玻璃的密封瓶，把调料倒在里面。不用的时候，它们都整齐地放在橱柜抽屉里。从此告别了哆哆嗦嗦取调料的样子，而且用雪白的抹布擦拭一个一个结实的瓶子的感觉好多了——敦厚坦荡。那种对付塑料玩具的擦拭状态实在糟透了。扔了它们，代表我们选择更好、更对的人生。人生怎能苟且，怎能用一把塑料小勺取物。

关于密封瓶的好处，我是从妹妹那里学来的。卫平从威海给我寄来她婆婆自己晒的地瓜干，我就用卫平缝的布袋装着，才吃了五分之一就发现啃不动了，坚硬如玉。而我的妹妹就比我悠然了一千倍。我分给她的地瓜干，她装在密封瓶里放进冰箱，任何时候取一片都是柔软的，从小雪吃到惊蛰。

今年卫平给我寄的地瓜干，我装了满满两瓶，当茶点，任何时候都是柔软的。这个太重要了，它令我的生活的调子悠长从容。

既然我不允许我的生活里的珍贵的吃食是随便装在一个塑料袋里的，那么我就要寻来适合它们的容器。器物一到，各装其物，蜗居生辉。阿拉伯蜜枣、南疆大杏干、若羌红枣、东莞桂圆、宁夏枸杞、威海地瓜干是一个温敦方阵。蜜兰香、陈皮、熟普、生普、红茶、茯茶、岩茶是一个芳香方阵。我布置好密封瓶的方阵后给猫君打电话，我说我觉得自己很庸俗啊，如此贪婪。

猫君说，我们是蜗居者，如果多买了三五斗干果茶叶，是可以宽宥的。

于是心里喜悦，唱起红歌，解放区的天是明朗的天，手一滑又去了某东——好酱油和好醋要装在那种很精致明亮的玻璃壶里，那么每顿饭我都愿意认真坐下来慢慢吃。真的，别在我需要来点儿醋的时候，你给我拎来一个傻瓶子，而且还墩在我面前，让我躲不开上面的商标。

因为选择的是蜗居，我一不小心过上了富豪的生活。这个人生体验是一定要传给女儿们的。

15

如果房间太大，细部则不会如此美妙

❦

"00 后"会怎样看待我和猫君的蜗居生活？

十月暴雨，"00 后"女儿率领她十岁至今的男闺密、女闺密来化龙桥视察蜗居。

女闺密是西南大学的才女，业余画油画，她认为我布置的房间实现了她对独立生活的全部想象。

男闺密是一位歌词写作者，他认为——不，房间就这么大就很好，如果是他住，其实厨房都不需要。

笑笑——她在高中时代导演的舞台剧获得全省第一名——做了一个总结：首先你不用再自卑了，我们一致认为太棒了；其次你的细部太细了，房间若太大根本做不到。

她边说边环视边点头，赞美我布置得有品，实木啊，油画啊，瓷器啊，地毯啊，鲜花啊，棕垫啊，藤椅啊，木箱啊，古书啊，顽石啊，统统可爱。

没有被文艺青年们鄙视，我和猫君长舒一口气，重新钻进厨房。厨房太小啦，如果感情不好会很快发生冲突——包括情绪、语言、甚至身体。我俩各自埋头筹备自己的拿手菜，竟然不急不躁，温柔相待。看来感情到了关键的时候，竟然是好的。我们都暗暗吃惊，竟然找对了人！不是据说成人的世界深不可测且变幻莫测吗？

我用发小欢欢送给我们的结婚礼物——一口英国珐琅铸铁锅——炖了一锅肥牛土豆粉条酸汤。这红艳艳的锅极其沉重，它令我们的蜗居像皇宫一样富丽。蜗居的要点：得有镇宅之宝。

我用韩国海水纹大瓷碗装我搅拌好的金枪鱼土豆泥。蜗居的要点：瓷器少但要精美，最好一律是日本美浓烧。

猫君烧制潮汕海鱼、炸多春鱼、切三文鱼，用他夏天自己在景德镇绘画烧制的瓷盘装。

那么，请开动吧。三个"00后"从上海、青岛、北碚，来到我们的蜗居，用赞赏的态度零距离感受我和猫君的小日子，我们受宠惶惶。要知道，大人被鄙视才是常态，被表扬简直就是皇恩浩荡了。

第四个"00后"也来视察蜗居了。她是重庆大学的学生会女干部哦，业余时间也画画，是笑笑的小学同学，也是我的干女儿。她一来就包揽了榨汁机和烤箱的活儿。蜗居的魅力：一定要有制作美食的小电器。

有一个深夜，猫君在写关于《南史》的文章。窗外巴山冷雨，我贤良起身，去厨房用今年的新黄豆打了一壶滚烫油香的豆浆。猫君喝了一口，端碗的手都颤抖了一下，他认为这是秀才苦读更深时候的至美。

因为是蜗居，很懂事的成人不大会来加入我们的生活。但是"00后"们发自内心地喜欢我们创造的蜗居世界。

他们盘腿坐在榻榻米小房间里吃水果，说话，看嘉陵江上苍茫烟雨。他们已经是完全独立的一代人了，有自己坚定的选择和真实的快乐，希望他们将来的生活务实知足，殷实优雅，蜗居即可。

16 / 五斗柜是必须要有的家具，它保证了蜗居物品的秩序井然

❦

席不正不坐。这是形容许由的。

必须哦，物品如果不各就各位，我便难安。所以五斗柜是必须要有的家具，起子、钳子、榔头这些工具一个抽屉，毛巾、浴巾一个抽屉，针线盒一个抽屉，电器说明书、水卡、电卡、煤气卡、备用钥匙一个抽屉，储存的香一个抽屉。

蜗居里若有未尽事宜，手头正在做的光辉大事业，就根本不可能凝神做好啊。

所以突然有一天明白，只有强迫症和完美主义的处女座最适合我。我真希望被处女座的伴侣骂骂咧咧地管来管去，然后家里秩序井然，闪闪发光。

处女座的猫君扑通一声掉到我生命的旋涡里。你是上帝派来的吗？那么你是不是特别讲究啊？

猫君说，是的，我有精神洁癖，同时我每天清晨起来一定要洗澡，新的一天才能正经开场。还有，我是一个知耻的人，读史、写作、画画、写字、美食、泡茶、交友都努力地、努力地……

于是我就放心了。那么我们一起建设崭新的、属于我们自己的生活吧。

我们在固安很快就找到了离家最近的装裱字画店、灯具店、干洗缝纫店。灯具店的老板是个很大气的东北人,家里的字画都是请他带着钻头和膨胀螺丝来挂上墙的。

我离开固安的时候,猫君对着家里最大的一面白墙说,这里,可以挂两个竖条幅和一个斗方,过几天画出来我就去裱。

一个蜗居,麻雀虽小五脏俱全,所遇到的问题如下:热水管滴水,木头柜子总是湿淋淋的;卫生间的换气扇突然不工作了;厨房的水龙头某天竟然垂了下来;新买的穿衣镜需要钉在墙上;纱窗要换新的……

猫君从一介袖手书生突然变成了"一家之煮",开门七八件事,我们的蜗居一天天地诸事完备,运转有序,充实端正。

有一天,猫君坐在地板上用卷尺量一床被子的尺寸,我们需要给它配一个被套。他量了很久,被子太大而且柔软,猫君几乎气馁了。我在电话里说,你把被子折半,然后量,乘以二。

猫君欢喜地得到了被子的尺寸。新的被套不久就订做好,被猫君认真地套在了被子上。

17

谁叫我们是蜗居呢，生活物品只能是精、好

作为蜗居者，不能大踏步发出回音地去四五个房间以及楼上楼下、花园后院地走动，就只能假装修心，盘腿坐在一个椅子上，或者半个沙发上，或者飘窗一角，再或者不碍事的某部分地板上，手里拿块玉，于是就正经而不寒碜了。

处女座的人不仅是完美主义者，还是阴险的怀疑家。

——你那个玉上的毛孔，用尖尖的锥子就可以伪造出来。

猫君斜半个眼角的光，扫过盘玉的我。

对处女座这种唧唧歪歪的星座，就好像打羽毛球使用扣杀、劈杀的打法，必须一拍子撂倒。

于是盘腿修心的我丢给他一句话，那么请把你戴的假籽玉扔掉吧。

哦？哦。呆萌的猫君又瞬间觉得世界正本清源不那么可疑了。

猫君一面揣摩芥子园，一面给我讲故事。他说他认识的一个女子，家里有两百平，她早上起来开始擦地，黄昏的时候还在擦，反正可擦的东西太多了，她被两百平绑架了；到了夜里，她老公看电视的时候，她又情不自禁地给地板打蜡去了。

我们一起唏嘘不已地同情这个女子，觉得她并不是贵妇。握着玉闲闲坐着的我，倒更像一个贵妇啊。

太闲了，就去整理衣柜，给猫君一套一套地搭配好。看着可以淘汰的立刻清理到楼下回收站去。心里一点儿也不纠结，谁叫我们是蜗居呢，生活物品只能是精、好。

于是神清气爽，绝对不会因有鸡肋存在而令人心头犹疑、晦暗。

有一天，猫君一回头，发现我把松木的鞋柜拖出去扔了；再一回头，橡木床也扔了。

会不会遭天谴？！猫君心脏乱跳。

我一面清洁扔走了床的空地，一面给他讲故事：有人买一百平的房子，房款加贷款、利息一共一百五十万，我们买五十平的房子，六十万，比别人少花九十万。请问我们是不是有理由不要难为自己，把小日子过得更合心意一些。而且蜗居一定不能有床这种家具，它会霸去家里一半的空间。所以后来有了罗汉床——茶室和卧榻的完美融合。

床退出了我们的生活，空出来的地儿放猫君画画的大桌子。很厚的实木，我们也在上面铺上隔热垫吃饭，一桌两用。

为什么要扔了松木鞋柜？因为它的抽屉不够多，我新选的鞋柜集合了斗柜和储藏柜的功能，于是新的鞋柜简直就是家里的储藏室了。

18

我愿意站在敝旧的花坛边，
边拍被子边看风景

❦

倩茜是我遇见的最美的女孩子。她在 2018 年春天找到梧桐大院，站在破烂的院子中间给我打电话，她说，你下来，我给你送新婚礼物来了。

那时我正在和猫君吵架。我们上午坐地铁去汉口的二七小路领结婚证，中午翻脸，下午继续吵架。没有想到夕阳金光的时候，春天的梧桐大院里，倩茜走了进来。

为什么吵架呢？结婚的礼物是一个海蓝宝石的项链，但这个项链来路可疑，竟然是要送给别人的，后来没有送出去就给了我。我把两颊揉了揉，跑下楼，看见倩茜站在敝旧的花坛边。她的衣着太光鲜了，风衣是风衣，丝巾是丝巾，牛津鞋是牛津鞋，令梧桐大树们都不太好意思地弯了弯腰。

——贫贱夫妻百事哀，你们是不是吵架了？

倩茜一面说着一面把一大包东西塞给我。

——你怎么知道我们吵架了？

——我当然不知道你们吵架了，但是住到这样的地方一定吵架。

其实,梧桐大院最迷人之处就是它的破破烂烂,太阳和鸟儿一来到这里就活泼得很,金光四射,鸟叫啾啾。流浪猫累了,也总能在正午找到最好的一处瓦片屋檐睡觉,屋檐上从来都是一层层的梧桐落叶。流浪猫醒了,我踩着高高的梯子送一碗罐头到它的嘴边,它感到多么中意啊,羞答答地吃起来。这就是梧桐大院令我无限依恋之处。

倩茜送给我们的礼物,我抱回家给猫君看,是山东手织布的床单和枕套。厚厚的,有铜钱那么厚,密密的、滑滑的(是可以夏天当席子用的,倩茜语)。淡蓝色和白色的小小格子纹,原生的新新的、粗粗的棉线,用传统工艺织出来。倩茜说,这是她的大学同学自己开的厂子生产的。

床单和枕套被我们带去重庆化龙桥的家,它们常洗永新。我每次回去看见舒展大气的枕头,枕上去凉凉的,就会觉得对于这个家,我是满意的。

市面上有一种粗棉布,其实是用再生棉纺织的,洗了之后会起细细密密的疙瘩。棉布制品,多花半倍的钱,就可以买到令人踏实、用六七年都没有问题的。若为了省一点钱买非优质品,两三年就会淘汰掉,终究还是后者不经济。

大约因为母亲是裁缝,我对棉制品和羊毛制品有一种近乎贪婪的储存心。家里所有的棉花被胎,我都会用一层薄薄的棉纱布罩好,再套被套。拆洗被套的时候,棉花被胎被棉纱布保护着,既保持了洁净,也不会有棉絮沾到被罩上、落到床单上。家里的小母猫五宝曾经最喜欢徒手掏棉花。我把掏了一个大洞的被胎抱去澳门路弹棉花的老店重新弹好,然后就知道用棉纱布罩一层的好处了。

大衣柜深处是叠得方方正正的被套、床单、枕套,所有的被子一年四季会被骄阳晒七八遍。它们清洁、蓬松,像是我们需要护养的心,一时一刻不能有猥琐的样子。

我在梧桐大院常有的样子——我站在院子中央拍打我晒的被子,拍着,看着,大树、猫儿、喜鹊,我可以站在这里久一些时间——我愿意站在敝旧的花坛边,边拍被子边看风景。

19 心里莫名的烦躁，
看来家里没有猫是不行的

——心里莫名的烦躁，看来家里没有猫是不行的。

猫君在化龙桥我们的蜗居里给我打来电话，倾诉无猫陪伴之人生寒瑟。

——一个连猫都没有的人，是多么不成功啊；啊，你这么年轻就有猫了，真是成功人士啊。

我和猫君常常说这样的话，逗自己大笑。

我回重庆家，卫生做好，潮汕鲜鱼、凤凰茶、酥皮点心吃好，想看的书翻了一遍，该吵的架又来了一遍，任务全部完成，突然发现，竟然没有猫咪可呼唤，屋内空空。半生的积蓄——古书啊，好茶啊，丝巾啊，美玉啊，都也不算什么了。啊，猫咪。

——那么，如果你在路上遇见流浪的小猫，就带回家来哦，千万别去宠物店买。拒绝买卖，努力收养。

——或者把五宝先寄来。

——可是五宝离不开我的。

我和猫君为了猫儿的事情，密密私语。

我躺在榻榻米上，手长长地伸向客厅，这时候若有一只猫儿迈着猫步轻碰着我的胳膊、踩我的胸膛、亲吻我的脸，才叫活得真切美好呢。

我和猫君这一日去磁器口，探看佳骏的西窗书院。我们爬上磁器口古街旁的山，书院就在那山上。书院里没有猫。从书院往回走的时候，在那山上古街的老屋门前，一个深夜不回家睡觉的小幼猫被我们遇着了。

那么，你是有家的猫，还是没家的猫？

那么，如果你有家，你此时应是被主人抱在怀里的。

那么，如果你妈咪这么不操心你，说明你独立了。

那么，你一定是没有家的猫了。

我们把两个月大、眼睛圆溜溜的猫儿抱在怀里。它屏息看着我们，直到猫君叫来一辆车，猫儿用爪爪把我的怀推开，它说，嘿，我怎么可能跟你们走呢，看着啊，这条长长的石板古街就是我的家。

说完这句话，它就纵身跳下，扬长而去。

我和猫君怏怏回家，打开化龙桥蜗居的门——哎，半生的华丽丽，就在眼睛的光里，全是虚无。只有猫儿才是真实。所以藏地的僧人请猫儿一起修行。修什么呢？猫儿的无畏、独立、端庄、教养、清洁。

冬天还没有来的时候，猫君锁上化龙桥的门，北上去往固安。如果化龙桥家里有猫，他定不会走；因为知道总是要走的，所以最终没有真心请到猫儿来家里。人生的逻辑如滚烫的山芋。

20 / 在属于自己的屋檐下，白米粥和奶茶都是喝得起的

❦

贫穷的时候相遇的夫妻……杭州文化人朱健说，这样才好，多些共同经历的事。

言下之意，坐享其成的相遇略略不实在。

我记住了这句话，所以每次和猫君激烈吵架（就是那种贫贱夫妻百事哀的吵架），我们却都没有选择离开。

因为没有离开，所以他去哪里我跟着去哪里，我来哪里他跟着来哪里。我们在汕头的深夜喝白粥、吃麻叶小菜；我们到了新疆就喝奶茶，他一顿饭陶醉般喝三大碗。他问我，这么好喝的奶茶，如果我每天喝，喝得起吗？

咖啡色的奶茶上荡漾着金色的酥油层，看起来真是挺贵的。

我却知道我那最爱——白粥搭配麻叶小菜，如果我每天晚上在汕头的古老夜市吃，是吃得起的。所以，我对晚年小日子颇为乐观。

奶茶多么奢华啊。首先要有一把保温性极好的奶茶壶，壶身釉上彩艳艳的蓝花，欧洲古典宫廷样式，那凹凸的骄傲。搪瓷小锅里，清水加一掌心的湖南或者陕西的金花砖茶，炖半个小时，用哈萨克老大妈的话

说,要把茶叶煮到软烂,这样才汤色金黄、气味浓香。如果是立顿红茶袋,就是速制了,茶色和茶味过于流水工艺感,令奶茶的真味丧失殆尽。煮熟的鲜奶带着奶皮子一茶缸,倒入砖茶汤,再次煮开,小火煨炖五分钟,加少许盐搅拌,就可以滚烫地倒入那个有着欧洲古典骄傲气质的奶茶壶里了。锅底炖烂的茶叶不要。

我们会在浓咖啡色的木头餐桌上摆开从伊犁口岸上买回来的哈萨克斯坦奶茶碗,这个碗圆得饱满,有豆绿色的简单花纹,有金边。用一只白色的瓷碟装明黄色的酥油。酥油是从布尔津远山下森林边的牧场里买回来的。软软的原味奶疙瘩和金黄的奶皮干是从乌鲁木齐南边的南山脚下买回来的。顺带还买了用羊油炸出来的包尔萨克,这是一种菱形的面食,可以当主食,也可以当油果子。蓝莓果酱和野酸梅果酱,俄罗斯蜂蜜和南疆的玫瑰花酱,一样都不能少。如果是春节刚过,熏肉切片会有一碟,油炸馓子也会来一束。任何季节,馕都是必须有的,厚厚软软的馕是哈萨克族馕,薄薄硬硬的是原始的维吾尔族馕。

我们对口感的丰富性要求太高了,对视线里的华丽丽也要得紧。但是,奶茶当然是喝得起的。我在猫君回固安的行囊里妥妥地放入陕西老茶砖,两瓶南山酥油,一叠干硬的原始馕。他只需在固安超市里买一箱牛奶,就可以整日价地熬奶茶喝了。

不加牛奶的茶叫清茶,也放盐和酥油,热烫地喝。这是区别于甘南的。甘南的清茶就是一杯绿茶。甘南的奶茶是有甜味的。喝惯了具有豪奢气质的新疆奶茶的人,到了甘南就失望地放下了当地的奶茶或者清茶。

汕头白粥和新疆奶茶都是喝得起的,所以我们每每宽一宽心,在吵架或者抑郁后,总会像一棵北方四月的树,枝干涌动红色,抽出嫩生生的绿叶。

21

对美和精致的热情,放在自己的地盘上
实现,才可得万年长

❦

伍尔夫说,要有一间属于自己的屋子。

中国人尤其讲究万年长。那么只有住在自己的屋檐下——活人头一件大事——正大庄严于自己的主权里,以此作为其他一切生活事情开展的前提,于是心和胆才能怡怡洽洽。

你若请我投奔某处,我先就犯难了——人的脸色最是翻云覆雨,我这样毛躁的人第一恐惧被人苛责,第二恐惧被人威胁,第三恐惧被人客套或者套路。和猫儿一样敏感胆小的我,最信赖的只能是自己罢。

且我对生活细微处及氛围有一种神经质的狂热,这就关涉百般事情得自己拿出主意,然后实现它。如果不是自己的屋檐,首先拿主意就已经不归我管了,我的主意每每哆嗦着交出去,被强者甩到地上那是一定的。再则,我对美的热情,放在自己的地盘上实现,才可得万年长。

所以会在十年前有了固安的蜗居。它麻雀虽小五脏俱全,有玄关,有卫生间,有橱柜台,有客厅、卧室、书房、餐厅、茶室五功能合一的空间。虽然没有阳台,但是有飘窗。

我琢磨的第一件事是如何晒衣服。物业是五星级管理,我的折叠晾衣架没几天就被勒令不许深夜放在走廊里。幸好北方干燥，衣服床单甩干后挂在浴室玻璃门上方的横杆上，开着换气扇，第二天也就干了，且不会有碍正室观瞻。

但我热爱学习，常看日本人怎样巧妙收纳、如何在蜗居里闪转腾挪。我便学会了打量空间这个本事。

飘窗正上方的屋顶，猫君请来拥有射钉枪的工人，把一根两米长的晾衣杆固定上去。开着窗，衣袂飘飘——原来就算没有阳台，也有安置晾衣杆的办法。可见，限制性思维其实不易打破，这一点思路我都得从别处学来。

飘窗和正室之间的屋顶有一条预制板的横梁，所以晾衣杆会被遮藏住，如果不晒衣服也不会令一室氛围有异样。

居家生活必得规规矩矩。一年三百六十五天，没有规矩，生命力就混淆继而坍塌了。当我听说一个人的家里是凌乱的，我便失去与之交往的热情；并且定睛看此人的脸，觉得她的视线、面容、内心、举止都是不得要领的，于是我便逃了。

四季衣物断舍离后，把当季的衣服、裤子一件件挂进衣柜，内衣和袜子分别放入抽屉或者整理盒。把换季的被褥、毛毯洗净放入真空袋，防螨虫、灰尘且不占太多衣柜里的空间。把大衣、棉衣、羊绒衫洗净卷成圆柱放入有密封盖的整理箱，推入罗汉床下。

衣物和床单的管理做好了，一个小家才有清气。一个人的浊气从哪里来？人品是一个源头；没有生活的规矩、不勤快，以及缺少对美和精致的热情，是另一个源头。

22　　　　　　　美丽敦厚的老瓷里是芬芳的茶，
　　　　　　　　　　　　　　这才般配

断舍离的要义是：用不着的、使用概率小的、用着不合意的、不合适的，全部拜拜。

局内人小家子气，怎舍得与一干鸡肋永别，还得我这局外人火眼金睛一金箍棒打下去。

看官如我妈开言：扔了多浪费，而且还要再费一笔钱添置。

我辩论：不好看、不方便、每每使用起来的闹心，更是巨大的负能量成本。

要知道，闹心其实就是坏风水。断舍离是在纠正风水，如此方能心胸畅意，运道亨通。

猫君眼睁睁地看着我取出他在杭州时候穿的黑呢大衣扔进院子里的旧衣物回收箱。

它何罪之有？猫君眼含泪光。

衬里松懈、衣袖略短，是为露怯也，不可留！

拉开五斗柜，琳琅满目不知何物的物。

猫君答曰，买一赠一之物也。

全部进入垃圾袋。

看客如我妈说：不定哪天就有用呢？

我反驳：正经好生命不要被拉杂之物绑架。

敞开橱柜和冰箱，显旧食物全丢弃，变形保鲜盒和一干来历不明的容器都扔掉。经过实践证明看着威武聚气、其实很占地碍手的调料架也扔掉。至于沮丧的抹布、旧毛巾、旧牙刷、旧板刷、旧扫把、簸箕、垃圾桶，一概扔了。

看客如我妈说：哎呀呀，哎呀呀。

我装作没听见。

后来我缓缓对待那一干收藏十年的老瓷罐。茶叶腾挪进去，俗气的薄锡茶叶罐便空出一大堆，扔了。美丽敦厚的老瓷里是芬芳的茶，这才般配。

我坐在罗汉床上放眼洞明的蜗居，无一件多余不美之物，心上无一不爽。

猫君新买回家的一套伪汝窑的茶具也被我扔了，扔这个的时候最痛快——原来，假的罪过是大于敝旧的。

现在我们列个清单看缺什么，然后和猫君去超市一一采购。我们买了陶瓷花盆，把家里的花从塑料盆里挪出来。我们买来两块五厘米厚的实木板，长七十厘米，固定在卫生间门前的玄关墙上，可以放书、钥匙盘和储钱罐。

而且我还要花一笔钱，为猫君添置一件好大衣——朴素，温暖，体面。宝贵的光阴，每一时刻都享得欢愉才对。

哪里浪费得起呢！我说。

看客如我妈也在喃喃：可真是浪费啊，它们留在家里又不吃你的、又不喝你的。

23 内部空间是我们的内部心绪，它得条分缕析、春风朗然

提起内部空间，我的视线落在了洗碗槽下的橱柜里。那里有一个整体的收纳空间，被下水管打扰。因为没有分隔板，即使有空间也只能使用底板一层，物品不能按类别摆放，它们一窝蜂地蹲在里面，几乎要融化在一起了；而它们的上部却是空的，无法使用。

我在六年前买来三个整理箱，齐齐码进去。一个整理箱里放碗、盘子和筷子筒，还有保鲜盒和保鲜膜。一个整理箱放大勺子、大铲子、大笊篱、大刀、小刀。一个整理箱放沥水篮，刚洗好的碗筷先搁在这里面。切菜板靠在边上。洗洁精和去污粉、垃圾袋放在另一边的缝隙里。

其实使用起来非常别扭。手伸到箱子里寻找，那个费劲。而且常常大盘子、中盘子、小盘子、大碗、小碗就混乱着摆了。还要常常把整理箱拉出来，做底部清洁。

洁癖和强迫症患者一想到大盘、小盘没有排好队伍，就心事浩渺连广宇了。

六年后，我去某东商城搜索关键词：水槽下，收纳架。果真有，而且是日本造。日本人是全球精致生活者。他们的洁净和有礼，我们应该学习。这种收纳架，首先它可伸缩，这就保证了不同尺寸的橱柜可以通用；

其次它是三层的，想一想就兴奋，大盘子放一层，小盘子放一层，大碗放到最底层去；最后一点很重要，这种架子的横边有侧口，正好可以把下水管收容进来，如此一来，横行霸道的管子就被柔和地招安了。

我买了三个伸缩架，两个并排放在洗碗槽下的橱柜里，物品按照类别和大小轻重——排列好。再弯下腰伸手去拿的时候，哎呀妈呀，如此通透明了。

伸缩架使用的是原生材料，结实精巧。另一个伸缩架放在卫生间洗脸盆下面的柜子里。从此，洗衣液、柔顺剂的备用装不用窝在一个角落里不开心了。多买来的几管牙膏也从容地伸展身子躺着。还有板刷啊，钢丝圈啊，消毒后晒干的抹布啊，都一个一个摆好。

内部空间是我们的内部心绪，它得条分缕析、春风朗然。我不会信任一个抽屉一团糟、手指甲个个长长地镶着黑边的人。

我和猫君出门的时候会把柜子的门都敞开，让搁在置物架上的它们全都与新鲜空气待在一起。窗户开着，纱窗令我有安全感，欧根纱的窗帘是灰色菊花叶纹的，垂落到地板上。那天，我拉着行李箱要回老汉口，回头又看了一遍屋子，我觉得我们是幸福的。

橡胶手套和潮湿的抹布不要放在柜子里，有水濡的邋遢感。我在洗碗池里放了一个窄的铁架，手套和洗洁精就搁在这里面，既半隐蔽，又不占用料理台的空间，而且不会有水渍产生。

洗净的半湿的抹布怎么办呢？我买来和橱柜颜色一样的灰白色粘胶板挂钩，悄悄贴在橱柜外侧的一个小角上——那里很幽静啊，我的干净的洗碗抹布就挂在那里了，既通风又不显眼。擦料理台和抽油烟机的抹布则悄悄地挂在另一个角落。

抹布是消耗品，要一两个月一换。平时若觉得它们不够雪白，则用沸水加洗洁精小火煮十分钟。

24 蜗居里要有镇宅之宝器

断舍离并不是把房间里的闲置之物都扔了,然后素寒如雪洞。若是这样的归处,谁会乐意回来。

先有自然之泽,而后有手泽之光,如此怀着情感的物件,正是家的抚慰功能的来源。

十年前,我和三宝相遇。我们常在周末沿着通惠河慢慢地走,它在我怀里,我们去一个常去的古玩店看古董。

固安蜗居有个盛米瓷罐,我对猫君说,这个是三宝陪我买的,去了七八次才下了决心买——是明代青花。

猫君狐疑而紧张:那么多少钱呢?

——那个时候的三千块哦。

——可是它都有裂,用胶粘得好难看!疯了!

我对猫君复述当年买罐时店主说的话:瓷看底,这是蹲了几百近千年的沧桑底。你再看这酱口,看鸡爪纹,看手工拉坯的痕纹。

这个青花大罐就是这个蜗居里的镇宅之宝啦。猫君每天舀大米,就狐疑地扫它几眼——处女座总觉得天下人都是骗子。

我对青花罐的感情，毋宁说是我对和三宝相依十年的感激，也毋宁说是我对从前清苦却贵气的生活态度的自豪。

我每次回固安的家，总要在彻底做了清洁后，自己也洗个澡，然后慢慢地在灯下踱步，打开柜子，摸一摸这一个，再摸一摸那一个——每一个都有来历。不离不弃多年，它们在别人眼里一定看不出什么好。

我最近一次回母亲家，找出来一只童年时代喝奶茶的碗，花纹磨了些去却更好看了，还有一对童年时代蘸饺子的醋碟。我对母亲说想要带走，母亲欣然同意。我的镇宅之宝又多了这几个。

故乡布尔津的风，一年四季呜呜地吹，奶茶碗把这风敛在怀里。

我和猫君结婚那年，他忙忙地钻去景德镇，在那里大干十天十夜，自己绘画上釉，然后找人烧制了几个彩釉和青花的花瓶。我们在重庆化龙桥的蜗居，一进门就能让人定住，气定神闲的"定"，盖因为摆在蜗居里的猫君制作的花瓶不仅是世间唯一，而且它们真的很美。

我和猫君是淡泊一族，绝不敢奢靡纵意，这样才可把日子四平八稳地度下去，并对老人和孩子有个交代。我们的蜗居里的华光，是充满情感的物件散发出来的。

25 面对美食和美好的感情,不要简单粗暴,不要轻佻轻薄,不要心不在焉

❦

上世纪的 1995 年,新大对面一溜儿饭馆门前有个自来水龙头,水随便用。我和姐姐拎一袋马奶子葡萄到水龙头底下洗,我还记得姐姐的英姿,她大力晃动塑料袋,让每一颗葡萄都被水柱冲着;我则在旁边随时听命关水龙头。我们穿着塑料凉鞋和妈妈缝制的紫色棉布裙子、扎着马尾辫,我们看着绿色葡萄和大水花,哈哈大笑——在大马路边上,那可真是放肆而青葱啊。最后,我们还把塑料凉鞋冲了冲,这才放过了水龙头。

这一幕美吗?二十年后,我和姐姐在火车站偶遇姐姐的大学同学——他如今是某厅某处小领导。他亲切而打着官腔地对姐姐说,有一年我看见你们俩在路边洗葡萄,用水对着塑料袋冲了一阵,你们就边走路边开吃了。他顿了顿继续说,把我吓坏了,我想了一阵子,觉得我的女朋友不能是这个样子的。

在火车站与此人分别后,我和姐姐面面相觑——为什么呢?幸好姐姐没有被他追求,我的姐夫可是万里挑一的——万幸啊,被熙熙攘攘的世人错过。谢谢葡萄、塑料袋和大水花,还有我们的塑料凉鞋和阳光下

的大笑。

但是现在，若看见一个人对着塑料袋取瓜子、点心或者水果吃，我就会很不喜欢，继而不喜欢这个人。成年人生活的仪式感多么重要啊，珍惜的、喜悦的、规矩的、从容的、静享的，面对美食和美好的感情，不要简单粗暴，不要轻佻轻薄，不要心不在焉。

我陆续空投了大约二十个密封玻璃罐到固安的蜗居。用它们装各种豆，装药材，装奶酪，装红糖，装新买来的炒花生，装茶叶，装稻香村点心。小的密封瓶则装调味料。然后一并齐齐码入玻璃橱柜里、冰箱里。取物的姿态要美好，不可拉杂拖沓。倘若一个成年人的手塞塞窣窣地伸进塑料袋里，我便与这个成年人不交一言了。

26 温热的食物和属于自己的屋檐，我们全都拥有

▼

某年某日，我和猫君上巫山，当地传奇女子陈嗣红托王春姑娘带话给我们，说黄昏时请我们吃饭。

我们在巫山县城步行，去往目的地要爬上一条高高的阶梯，有多高呢？就是一座山那么高。巫山比重庆的"山城感"更强烈，像是在玉山子上刻的琼楼玉宇，人们骄矜地住在上面，我们这些凡人则在下界里瞎忙。

陈嗣红正大仙容，猫君赠她猫扇，她刷地打开，细看，徐徐扇风，又刷地合上，看客看得惊心。她的鹅蛋脸庞、大黑眼睛，那是另一个年代里的惊艳。这个年代没有惊艳了。这个年代有什么？尖尖手爪、尖尖下巴。

因为是在陈嗣红自己的饭庄吃饭，我们的姿态缓缓矣。客至如归。

先有一在《红楼梦》里会被称为老妈妈的中年女人捧来一个大壶，是什么呢？陈嗣红淡淡地说，我自己熬的梨膏。

枣红浓郁，滚烫清甜。一大杯在手，黑夜不复黑夜，流离不复流离，牵肠挂肚的往事俱往矣，猫君也尽开颜，把过往生命里的妹妹推到

一边去了。

夜饭结束，陈嗣红引我们去她的茶室。黄金七，和铁皮石斛一样的样貌、一样的味道、一样的口感、一样的功效。她说这是每年从巫山深山采药人那里买的。

石斛吃不起，我们请陈嗣红帮忙买黄金七。我们买来黑陶的养生壶，丢下六七根黄金七，排骨五六块，料酒鱼露，黄芪当归，不搁盐。煲汤，潮汕人最拿手。夜半里，我睡了一觉醒来，养生壶还在咕嘟咕嘟地响着。猫君在书桌那里改稿，他转头对我一笑：明早起来就可以喝了。我的天！感觉这壶汤要被熬成砒霜了。

我们在固安的蜗居里，喝凤凰单丛，熬梨膏汤，炖黄金七。陈嗣红告诉我们，巫山的野生草药一年比一年贵。我和猫君就抓紧囤了许多黄金七。猫君这一天和我商量，六七月是草药最好的季节，我去一趟巫山吧。我心想，难道我们家要囤一房子黄金七？！

我不知道这个世界上的人们在夜半都会商量什么天大的事情，反正我是在满屋的黄金七煲汤味道里熟睡——童年时候，父亲和母亲就是这样对我们的。我们在第二天明媚的阳光中醒来的时候，温热的食物和属于自己的屋檐，我们全都拥有。

27

我要的世界自然是恩深情重的，
但绝不是灰头土脸的

蜗居空间不大，甚至很小，那么目力所及处处，必得清爽光滑，以平面示我，所收纳物无需动辄亮出真身——那简直就是暴动了。

所以，要给这些家具画个叉叉——不用搬回家了。

玻璃门的衣柜，叉叉。因为透视效果，衣服裤子挂在那里，真的不美。是否能登大雅之堂，这个界限要一直警惕，否则就撞飞了美和优雅。

博古架，叉叉。我至今不理解博古架存在的必要性，即使是酒店大堂里摆一个，也觉可疑——因为好东西其实是不会摆上去的，摆上去的则有虚张声势、真假不明之嫌。

开放式书架，叉叉。虽然我们在化龙桥的蜗居使用的就是厚实原木和钢构组合的壁式书架，颇有文艺范儿——咖啡馆的那种味道，但若比化龙桥的蜗居还要小的蜗居，就应该用双开门玻璃书柜——有了门就显得紧凑，不会外延。摆放整齐的书透过玻璃望去，很是养眼，也是艺术品，而且玻璃门的防尘效果好——毕竟开放式书架上的书更易老化。

折叠餐桌，叉叉。其实在居家里，折叠的一切都应该叉叉。折叠意味着临时性，也意味着使用上的非经典性。你想，费劲巴力打开一张桌子，因为是折叠的，若不小心碰着了什么机关……那么，摇摇欲倒的紧张感是一定有的，带着紧张感吃饭的效果就是胃痉挛。折叠之物总会令人感到单薄，手脚搁放不适。餐后，这个折叠的家伙还要被折回去，放到一个犄角旮旯里，日子顿时就笼罩上了悲哀的廉价气息。而我要的餐后是继续在笃定的我的餐位上喝杯红茶、吃个甜点。那种仓促潦草的心情——啊，我真的不喜欢啊。所以，固安的折叠沙发很快就被送人了，搬进来了罗汉床，它虽然占地方，但是结实宽阔，能够壮大我们的心情。

我说不要这样的生活，于是我就过上了另一种生活。所以有人说，你的命运，就是你自己的选择——你要什么，你就得什么；你既然得的是今日这样的生活，这也正是你自己要的。多么残酷，但这就是真相。

我想拥有一个餐边柜，它和一个双门书架一样高、一样宽。摆在里面的盘子和碗、咖啡杯和啤酒杯，都是美丽的艺术品啊。猫君在景德镇制作的大小不一、花色不一的盘子，我在某东上买的日本美浓烧餐具、水晶玻璃的牛奶杯，被擦拭得如冰块般干净。若猫君在炒一份青菜，我便来到餐边柜前，仔细挑选一个最适合这盘青菜的长方形盘。仪式感，令蜗居熠熠生辉。

开放式衣柜，外面拉一层布幔，叉叉。除了窗帘，其余的一切都不可以用布幔。其实如果是蜗居的话，窗帘都不要有，用一种叫作柔纱的百叶窗，利索！哪里哪里都拉一块布、盖一块布，面对这样的所谓旧上海小资情调，我只想打碎一个旧世界，还我一个新世界。

花架，叉叉。蜗居里少置办点儿挡脚的玲珑小物吧。而且猫儿顶爱飞檐走壁，它们若瞄准了花架，后果一定吃不消。

雕花木柜，叉叉。它们真的很积灰。对于每一个雕刻的曲线和镂空缝隙,我的抹布都望洋兴叹。

最后我想说的是,很多人傻傻分不清低值易耗品和永恒的区别,他们如同废品收购站的老板,执守住十年不用一次的一堆旧物。全都扔了吧。如果对方不开心啦,自辩曰:我是很重感情的人啊,它们是岁月的见证呢。

那么我就无语走开了。我要的世界自然是恩深情重的,但绝不是灰头土脸的。那些令人困惑的物件,我的蜗居里不会有。我过去岁月里的纪念,它们全都妥妥地保管在我的某一个收纳箱里,我会在某天静静地打开,一个一个地看,内心潸然。我不会让它们像废品那样东倒西歪、没有尊严地混迹在常态生活里。

28

云想衣裳
我想容

❦

纯色会显得高级。试想一下，一辆纯白的汽车，一辆漆黑的汽车，一辆钢蓝色的汽车，一辆迷彩花纹汽车——哪一个显得最LOW（低级）。当然是最后一个喽。

再试想一下，一个穿黑裙的女人，一个穿灰裙的女人，一个穿灰蓝裙的女人，一个穿牡丹大花绿枝叶的女人——哪一个显得最LOW。当然是最后一个喽。

日本女子面试或者出席活动，对自己的要求一定是黑包、黑皮鞋。纯色和正式场合更搭调。

男人的商务装扮——白衬衫、黑裤子，无可挑剔的刚性的美。花点、条纹、方格的衬衫，即使充满了潮的味道，到了正式场合里也总有偏于轻佻之嫌。越简单越好，袖扣都不要使用。鞋子则选商务休闲款，柔软造型，黑或者灰棕。有一种很油亮、很坚硬的黄色皮鞋，非常不适合会谈。至于皮凉鞋，男人最好只在家里擦车或者烧烤的时候穿，永远不要把它穿到大众面前来。

纯色里的高彩且高饱和的色调，不可轻易使用。黑、灰、白、灰蓝、暗紫，显然总能确保万无一失。即使是丝巾，也是灰色和黑色更易于让一身装束显得和谐。粉色围巾搭配灰色毛裙很好看，打破安静，带来生动。粉色毛裙却很挑人，要很年轻、很苗条的女子穿才好看，需用灰色围巾、黑色短靴压一下粉色的张扬。有一种艳紫，需肤色极白的女子穿才好看，艳紫和黄种人的黄实在不般配，会显得乡气。

如果非要穿带花朵的裙子，那么上身和鞋子只能是浅灰最宜。如果非要穿带花朵的上衣，那么小黑裙和黑鞋则让格调提高许多。黑色皮鞋果真是既百搭又保险。见过银亮裙子配银亮皮鞋的女子，像是行走的霓虹灯。也见过果绿色皮鞋配白连衣裙的，必须是少女这样穿才显得很爱自己的样子。

老上海有一种叫作阴丹士林的做旗袍的面料，德国人制造，那是一种又素雅又鲜亮的青蓝色——湖蓝和天蓝相融的色彩，与水一样的女子的曼妙气质，构成典雅的美。女子穿这样的蓝色旗袍搭配白珍珠项链，女学生则是阴丹士林长袍搭配白色的长围巾。若是蜡梅花开的时节，去街上买蜡梅回家的女子，蓝色的袍子和黄色的花，真是时代之美了。张爱玲在小说《十八春》里写翠芝：那石翠芝不过十八九岁年纪，小小的窄条脸儿，看去是很秀丽的，高高的鼻峰，一双亮晶晶的大眼睛，只是眼泡微肿。额前打着很长的前刘海，直罩到眉毛上，脑后却蓬着一大把卷发。穿了件翠蓝竹布袍子，袍叉里微微露出里面的杏黄银花缎旗袍……

翠蓝色袍子代表着装的品位，而杏黄银花缎，则暗暗显示出富家女子的优越感。但若无品格在前，则流于暴富者的俗气。

有花色的旗袍则常常以纯色面料滚边。也是起到压得住这一身绚烂的效果。

正红色的毛裙和长围巾,虽是七彩居首、最为饱和的颜色,但总是要有的。配漆黑柔软的大衣,在白雪飘飘的北国,很是飒爽。大衣的样式总是简单为妙,纯色为妙,黑、灰、浅驼色为妙,不要垫肩为妙,袖口略窄只到手腕为妙,翻领束腰带斜口袋即可,过膝或者不过膝均可。

蕾丝衣裙流行了十多年,虽然不很普及,但总有女子跃跃欲试。如果一个很知性、很智慧、很美、很端庄、很纤柔的女子穿蕾丝裙,真的会令人眼前一亮。大气正直者,才能驾驭带点邪乎劲儿的衣服。而自身有点邪乎的人,更需得以朴素简洁来装扮自己,这是慢慢把品德矫正回来的办法之一。近朱者赤也。但是太正、太美的女子,以蕾丝稍微增添些妩媚之姿,更符合造物主的心意吧。否则就成了木美人或者妇女委员会的女干部了。不够端庄的女子一穿蕾丝衣裙,则显出潦倒的形态来,令人不够敬重。尤其是丰满高大的女人,万勿尝试。

我的小家里有一幅穿阴丹士林旗袍的民国女子图。那时候人们看女性,以略略丰腴为美,以素净为美,以端庄和妩媚的融合为美。

波点婆婆草间弥生说:地球不过是宇宙中无数个圆点中的一个。

所以有了她创造和无限繁殖的波点花纹。

我喜欢看见女孩子以及女人穿波点花纹的裙子和衣服。笑笑童年时,我给她买过黑底白波点的衬衫、白底黑波点的连衣裙。她看起来多么乖巧柔软啊。我给自己买过一件肉桂色波点的收腰风衣,面料是聚酯的,甚至可以防雨。后来给了笑笑。不知道为什么,波点让人一团单纯气。大约我其实是凌厉的,所以披上乖巧的外衣,令人不自在。但这并不妨碍我对波点的热爱和不舍。

其实,笑笑的内心也是凌厉和顽强的。那么只能寄希望于笑笑有个女儿——这个女儿呢,柔弱温和,乖顺异常,留着童花头,黑黑的眼睛,小手放入我的手心,信赖我……我希望自己有这么个外孙女儿,和她一起把遗失的我的童年、遗失的笑笑的童年,全都补回来——并赠予她波点。

千鸟纹我也喜欢。果真像一千只鸟呼啦一下飞去。买过千鸟纹的被单,千鸟纹的开襟毛衣搭配黑色短裙。但千鸟纹视觉的流动性太强大(如闪电一般),女人本来就是如水的形态,所以仿佛不适合千鸟纹。一位男士佩戴一个千鸟纹的围巾(羊毛或者缎面),搭配沉重色系——黑、灰、深紫、藏蓝,应该极佳。

说是喜欢豹纹的女性都有一颗女王的心。我没有想过做什么王,那样显眼的事情我会觉得很累、很分心。我只在潜意识里看见豹纹的图案就会有吸收到无数暗能量的充沛感。所以在不自觉中,家里的被套、床垫、床单、抱枕,就都是豹纹的了。再某一天,发现豹纹裙子和围巾、单鞋,也赫然出现在我的衣柜里。豹纹的袜子、豹纹的猫咪(小吉、糖宝),也一一来到。全是在不自知(为了暗能量)的前提下到来的啊。豹的花纹能给予我能量。有谁信呢?反正我信了。

年轻的时候很喜欢苏格兰格子的面料。主色是红黑。也有灰格子和绿格子、毛蓝色格子的加入。红黑格子裙搭配黑针织衫、黑色短靴。也许我年轻的时候果真自信满满过,那么与当年的那条苏格兰格子裙有极其大的关系呢。

地球不过是宇宙中无数个圆点中的一个。我们每一个人都是地球上无数个小圆点中的一个。活得卑微而桀骜。

乍暖还寒,或者乍寒还暖之时,最难穿衣好看——少了则单薄,多了则臃肿。此时,丝绸围巾能上阵来解难题。

即使是盛夏,如果去郊外或者山里,系一方丝巾,就有了很爱自己的感觉，且果真不会有早晚温差大而突然伤风之虞。

深秋一场冷雨一下，桂花就落满了小树林，夜里看就像一场薄雪。这个时节穿厚外套或者风衣，到了正午就嫌热。不妨大胆不要穿厚——短裙，稍有厚度的长袜，毛背心配打底薄衫，牛津鞋或者到脚踝的短靴，最后一点尤其重要——长长的丝巾，通常长一米八到两米，宽五十厘米左右，堆绕在颈间。

如果你不是一个孱弱的女子，那么这样的装束足以应对深秋的凉意，且着实是轻松而美丽的。

围巾一定是天然材质的棉麻真丝。真丝的又分为几种常用的。缎面正方形的大丝巾，到冬季里搭配细腻的羊绒裙很好；雪纺和乔其纱，配夏天的薄透长款；欧根纱，可以搭配乔其纱做长丝巾；香云纱，做长巾。

窃以为深秋时节最适合系香云纱丝巾。它有质感、厚实、挺括而不失贴合，刚柔兼济，既能弥补精简穿着造成的视觉单薄感，又能混搭出民国时代特有的温婉情调。香云纱是一种非常传统的手工丝绸，携带着中国大地十五到二十世纪岭南人家踏实而讲究生活的情思。

但凡天气一变冷，我们便把秋裤找出来套上，这样果真不美哦；或者把拉链运动衣找出来套上，这样肯定也不美哦。那么风衣呢？哎！除非刮八级大风、下暴雨时，这种衣服似乎才能派上用场。所以，风衣是四季衣物里常常只挂在衣柜角落里的那个。一个人穿着欧式风衣向我们走来，会有一种此人刚从北极风尘仆仆归来之滑稽感。

深秋天是混搭时光。带袖连身裙配靴子，堆丝巾，外面再来个无袖的薄薄羊毛斗篷，前胸和后背都护住了，身影又飘逸；休闲西装配短裤，十分清爽。

原来,轻松才是穿衣的最高境界。

见过几次有女子在脖子上勒一个布的细长条。窃以为这是人世间最丑陋的围巾了——如果它叫作围巾的话。有不洁之感,有窒息之感,有神经错乱之感。

深秋往初冬再走一程,天更冷一层,则长袜子要加厚的,靴子要中腰的,棒针毛开衫上阵,带帽的拉绒厚卫衣上阵,要防冷又要好看的问题,就这么解决了。

及至那隆重的冬天到来,北方女孩有一种很潇洒的装束——很厚很厚的羽绒服或者羊毛大衣里面,只穿一条薄薄的针织裙,或者是一件法兰绒格子衬衫和一条弹力紧身裤。羊绒围巾一定要够大够厚,靴子筒要够长,腰际贴个暖宝宝则更妥当。这样打扮的女孩子浑身散发着旺盛的生命力和飒爽的英姿。但这装束只适合北方,因为北方的暖气实在热情,家中的温度穿一件布衬衫走来走去足矣。而在南方,家中一定要有一条和小毛毯一样大的羊毛披肩,如果你坐下,就请瑟瑟地裹着它。

香云纱金褐沉沉的花色像古老大殿里的纹饰那般庄严;纯色的黑、绿、蓝、红和姜黄,用这些颜色中的两个拼接出来的长围巾也别有风味。脸庞摩挲香云纱围巾,教你怎能不沉静。

我喜欢一个人身上散发清洁的性感,并不隐晦,更无邪念,他的一行一止,目光和呼吸,心地,话语,他芬芳的手——这是一个潦倒凌乱的地球,他是来整理山河的。

我喜欢性感这个词语——独自的、悄悄的、连自己都不易察觉的、喜悦的、明朗的,最重要的是——清洁的。

在某年得到一笔稿费,买了富安娜的艳丽花朵棉睡袍。在深冬的家里,着棉睡袍静静站着。此时,屋子一丝不乱,窗帘低垂,燃着莞香,灯火明亮，热红茶低调浓郁的香，猫儿们都睡了，迟小秋的《春秋亭外风雨暴》在轻轻唱：世上何尝尽富豪，也有饥寒悲怀抱，也有失意痛哭号啕，轿内的人儿弹别调，必有隐情在心潮……

一个古典的美人，是应该会低低地唱曲子的。如孟小冬、周璇。有一年我看着他——他在唱曲——别的人都不会这么努力地活，把老时光担在心里。

我在一片热闹里看着他。他对我说过的一句话：热闹里见性情。

但是我向来排斥热闹，觉得一片低蠢。热闹里说的话怎么可以当真呢？更何来的性情？我听不懂他说的这句话。

但是想一想从前的事，明月作证里说的那些话，又有多少是可以当真的呢。这样一想，真令人想笑出来。急急如律令，多少人都在忙着陷入和之后的脱逃。

我不知道这个世界上还剩有几个轻轻迈着猫步、活得很美的人——而且能够在愈来愈老中、愈来愈清寂中，活得很美。这是要有异于常人的本领和顽固的性情的。他轻轻划开三文鱼的神情和手的姿态也很性感。他顽皮的心和唇角孩子气的纯真，也很性感。他拨开世界冷雨的帘子，对我微微一笑……我终于放下心来。

张爱玲真的是悲观的哎，她说：时间加速，越来越快，越来越快，繁弦急管转入急管衰弦，急景凋年倒已经遥遥在望。

但愿她的这句话与后面的日子无干。

29

居家的最核心家务就是
收纳和清洁

　　真丝缎面的被子，换季收纳起来的时候，璀璨的缎面朝里叠，厚实的棉白布衬里朝外，防止意外的勾丝。这是老一辈人教给我们的生活小常识，含着对物事的珍惜情义。

　　粗粗拉拉的人，即使做成了帝王将相，也不令人敬爱。我更喜欢和信赖一个连茶杯都擦拭得不见一丝茶垢的平常男子——是为日常里的修心，而绝不会靠近烟灰弹得满桌、满地、满键盘的豪杰精英。因为后者的心里没有"珍重"二字，即使暂时得了高地，他本质上依然是那个不会给予别人尊重和暖意的人。

　　到了深秋开始收拾夏季的衣物。密封性很好的方正收纳箱能妥当地完成这个使命。夏天的丝绸裙不要叠而用卷的方式整理，卷成一个一个圆柱体放进收纳箱，让它们紧紧地挨在一起，既整齐又节约空间，防潮、防尘的结实塑料箱子，外面贴上标签，注明箱子里收纳的是何物。这就可以放入壁柜里了。

　　家里必有的家具是五斗柜。每一个大抽屉都有一个妙用：毛巾、浴巾、餐布、桌布放一个抽屉；药品和补品放一个抽屉；各种电器的使用说明书、煤气卡、电卡、水卡、备用钥匙放一个抽屉；电池、卷尺、钉子、螺丝、钳子、起子、小榔头、透明胶放一个抽屉；针线包、热水袋和帆布的环保方便袋放一个抽屉。

居家的最核心家务之一是收纳，让物品各归其位，各适其宜。冰箱里的每个抽屉也要分类装物，生的、熟的、甜品、咸品、茶叶、海味。橱柜则米、面、油是一个，干货是一个，榨汁机、面包机、豆浆机是一个，各种锅是一个。

书的摆放则按照国外经典和国内经典分开，国外经典又按照随笔小说和诗歌分列，国内亦如是。至于自己发表作品的样刊，则全部束之高阁，到书架最顶层有门的柜子里去闭关——眼不见为净，这样每天都是新的一天，既不自满也不自卑。

很多人喜欢把床底的空间利用起来做收纳。窃以为床底是空荡无一物为最好，空气流通，利于安眠。床底似乎也可以象征一个人的心房，清空是每一须臾最好的状态，这样才可以吸纳每一刹那最要紧的生之喜悦。我不大能够在一个装满了各样物件的榻榻米上享受到休憩的舒畅感。闭上眼睛，身下乱纷纷的它们很有些紧张和焦躁的气氛，令我难安。

善于用规矩的收纳方式令家中爽然如新，其实最关键的前提是时代新名词"断舍离"。似乎迂腐的人很难做到这一点。所以这样一类人的生活状态每况愈腐朽。有一天，我把家中所有的多余之物打了二十二个包，集体打发去了故乡闲置的小屋。我就在只剩下必备之物的家中感受到了久违的轻松和心旷神怡。

猫儿和狗儿的物品也要收纳有序。用整理盒装它们的各种药品、薄荷草。愈小的物件愈要归入整理盒内，方显得清晰好看。猫豆、狗豆和罐头有一个专门的收纳箱，箱子平时搁在橱柜的一格里。猫砂放在卫生间洗手池下方的柜子里，方便取用。猫和狗洗澡用的毛巾挂在门后。吹风机和梳子放在梳妆镜后面的柜子里。它们的东西不过就是这些，可亲可爱。

我最奢侈的行为莫过于买了两个大衣柜回家。一个衣柜装四季的卧具，一个衣柜挂当季穿的衣服。我很难想象被子和衣服混迹在一起的衣柜——果真就不影响心情和生命质量么。

女儿上初一那年，有一次回家后很认真地说：老师说了，有教养的人周一到周日要换七身衣服，每一身衣服提前搭配好挂在衣柜里。

我们全都大声笑起来。为什么要笑呢？也许我们的内心依然是那个赤贫而无羁的自己吧。

卧室不该有浑浊气——即人的味道，所以要掌握节气和天气情况，在有骄阳烈光的日子，把使用的和存放的卧具在清晨就晾晒到天台上去。高层建筑的屋顶通常都会实用地开辟成晒衣台。无论是租房还是买房，住进去的时候就可以乘电梯去楼顶实地勘察一下，以确定暴晒这件事情是可以安然进行的。

被子、褥子、毛毯、枕头、地毯，先用吸尘器细细地过一遍，再扛去天台暴晒。到了傍晚时收回来，不可再晚，南方空气中水分多，夜色再深一点儿，就有露水要凝结了。为这些晒过的卧具重新套上清洗干净的被套、枕套，于是棉絮纤维松软，散发出活氧的味道——那是一种芳香、热烈、健康的气息。试想一下，如果你抱着的被子是萎缩的、湿冷的，这个夜的安眠质量几乎可以打折到底线。

为防止家中湿气过重——在南方，常常就有这样的担心；而在北方，大家都觉得空气过于干燥了——在南方清洗大件的东西（比如被套、床单、厚毛衣、窗帘），洗衣机甩干后，如果适逢晴天的话，就拿到楼顶天台上晾晒，并用夹子固定好，以防风吹乱。这些大件的衣物如果留在家中晾晒，空气中的水分子立刻就变得很多，皮肤有湿黏之感。所以，即使是洗晒这样的平常事情，也要有章法、有说道。

卫生间不该有异味。每天趁着洗澡的机会来个痛彻的清洁。垃圾桶内外都要冲洗，马桶用洁厕液内外洗刷——马桶盖也不能放过。洗手台的柜子底下用扫帚配合淋浴蓬头清扫。换风扇开半个小时。洗手台上勿有积水，整理盒底部擦拭干净。如此一来，卫生间在下一个白天里都是爽洁的样貌。

厨房不该有油垢味道。抽油烟机是重点。盛烟油的小盒子稍有积存就要用洗碗的热水顺便洗净。抽油烟机的机身则喷去污剂，等待十分钟后，用抹布配合小刷子仔细除去风轮和机身上现出的油渍。灶台则把灶架移开擦洗，顽固污渍用清洁球刷，灶架单独放入洗碗池刷洗。橱柜的仿大理石台面，用柔性的刷子蘸去污粉处理，尤其注意墙角和线条处，容易藏污纳垢。厨房的窗玻璃和壁柜的柜面也需要时常擦拭，因为炒菜的油烟会扑上去。这些部位都清理干净了，则厨房几乎清新如阳台。厨房的窗帘用洗衣液混合洗洁精来洗，可以有效去除油烟留下的痕迹。

西方人家的厨房摆设看起来琳琅满目，餐具和调味料盒子、咖啡杯和酒杯水杯，密密匝匝，把两三层实木横板钉在墙上，物品摆放在上面，空间能充分利用起来，用起来也顺手。但其实，这并不适合中国家庭。因国人好动辄狼烟滚滚地爆炒，油烟大，且动炒锅的频率极高——几乎每日。而西人的沙拉或者通心粉操作起来很简素，厨房是清淡的气质，大可以把厨房布置成料理台。国人的厨房应该侧重于隐性收纳，以躲避油烟对零碎物件的侵蚀。橱柜内部的细分工作要做好，整理箱、整理盒可以弥补分类功能的不完善。装佐料的瓶瓶罐罐，千万不要安置在台面上，因为混合了油烟的灰尘落上去，极难擦亮。最好统一收纳在一个尺寸高一点的大抽屉里。做饭的时候拉开，一目了然。

  听起来烦琐，其实操作起来既不费时间也并不很累——晾晒工程只不过需要我们不睡懒觉，提前半小时起来就可以完成，小狗会热切地为你带路直达天台；厨房的清洁，用晚饭后洗碗时间的延伸部分即可，猫咪会在高高的冰箱上眯着眼睛为你加油；卫生间则是在洗澡的时间里，手机循环播放你热爱的一首歌，在音乐里沉沦的你，不知不觉就把该做的事情都做好了。

30　细细倾听"饥饿感"发出的如蚕食桑叶的沙沙声吧

能把辟谷做好的人,内心得多充实和淡定呢?

空虚和失意的人——尤其是女生,善于用食物来填塞落寞。美食街就是专供她们溜达的。处于热恋中的女生,则眸子晶亮、胃口变小,神思转移至了别处,身轻如燕,时刻要飞奔入怀的架势。那么情感不快乐的女人——尤其是中年以后的,身材发福、虚胖、巨胖者,总能见到。

人一胖到走形,几乎就是放弃自己了,也有人说这是堕落。但当事者大约不这样认为吧,他们看起来气定神闲,或者另一个词语——木然。

那种把自己的身材管理得很好的人,是值得别人致敬的——你的身体的样子就是你灵魂的样子,你所选择的食物就是你灵魂的样子,你的屋子和车的内景就是你灵魂的样子,你的伴侣的样子也是你的真实的样子(所以当我们看不清一个人的实质的时候,就去研究他或她的伴侣)。

辟谷是有科学性的。2017年诺奖就颁发给了这样的理论:人应该常有饥饿感,在饥饿里,健康的细胞因无糖分等物的供应,于是选择吞噬多余的脂肪、不健康的细胞和衰老的细胞。如此一来,身体内部环境相当于进行了一场大扫除。身体从本质上得到改良。

我们有很多年没有细细倾听"饥饿感"发出的如蚕食桑叶的沙沙声了吧。早餐、午餐、下午茶、晚餐、夜宵，还有穿插在每两顿饭之间的小零食、水果。白天的时光大约有十个小时，每隔两三个小时就有一场轰轰烈烈的食物填塞运动。肠胃忙碌地接受和消化、身体里的血涌向运动激烈的器官，于是肠肥而大脑糊涂。

为了身体内部清洁、大脑清醒，就得拒绝饕餮，节制饮食，三餐简朴，最好一日只吃两餐。古人都是两餐的，更无夜宵，他们天一黑就躺在床上了。

把美食轻看，或者是学会把最平常的食物制作得可口，做到这两点的人，就是清心寡欲的人。

往肠胃里填塞的食物数量巨大、种类繁杂并高脂，则胃气重导致口气重，身体气味也粗浊，眼睛不会清亮、皮肤不会通透。灵魂呢？在食物欲望和物质欲望（也包括声名欲望）的牵引下，人渐渐变得单一和暴烈，也就是粗俗（所以我们不喜欢秦始皇，不喜欢刘邦，成者并不一定就是王，败者也不一定就是寇）。

即使是我爱吃的榴莲，一年也只吃两到三次，每次买一斤，分三次吃完。爱吃的三文鱼一年吃一到两次，每次买一斤，分三次吃完。多吃则有负罪感。日常的蔬菜主要以白菜、土豆、茄子、西红柿、辣椒、菠菜等家常菜为主。渐渐地也不买肉吃。天气寒冷时，偶尔买大骨回来炖汤。家里能取用的零食不过就是红枣、核桃、桂圆这样的干果。

即便如此，也会觉得身体内外存在多余脂肪，更有些含着毒素的细胞，它们都是人的欲望衍生的产物，恶果是也。所以要辟谷。但不会那么严格地辟谷，说是断食更切合。选择周末的两天，清晨起来，做洒扫晾晒，安静内心，把对饮食的注意力转移到别处，音乐、焚香、照顾小动物，去充满阳光的院落里慢跑、散步，喝一杯热花茶，盘一串沉香木珠，看一本一直想看的书，呼吸如胎儿，是一个宁馨儿。接一个电话——含着情义的电话，爱情能令人觉得充实的饱满……这一切所为，都是为了转移对美食的渴望。

所以，如果你终于遇见了一场踏实而有趣的爱情，别浪费了这个大好时机——此时的你本来就对吃饭这档事不大有什么兴趣了——那么就辟谷吧。

托尔斯泰说：辟谷不只是健康，且是灵魂的喜悦。

欲望是一切痛苦的根源。一周一次把自己放回到当年（落草之时）的一无所有、一无所求。李叔同说：身心反觉轻快，有飘飘欲仙之象，好似脱胎换骨……

知足常足，终身不辱。知止常止，终身不耻。这是辟谷给我们的教养。

31

你生活的样子就是你
灵魂的样子

普通的松木床头柜，需要有绿色厚玻璃、黄铜座的民国式样台灯摆在上面，我才觉得满意，不然就太寒素了。复合材质的地板是棕红色的，就像普通办公室里桌椅的颜色，所以一定要铺上和田的手工羊毛地毯，支数高，花色或雅致或明妍，一年彻底清洗暴晒一次，平时用吸尘器打理，摆上富安娜的厚厚棉布大靠枕，一张不大的实木炕桌，就可以安心地半卧在这里焚香读书了。

所以，当生活依然看不见可以完全落定的指望的时候，不妨让屋子和家具这样永远搬不走的东西简约些——规整清洁即可，但是生活用品则讲究淡淡的奢风，如此才能享受到有意思的小日子。

喝红茶的杯子是意大利水晶的。只买两个，用手指轻轻弹，发出空灵的声音。家里绝不会有许多不明来路的茶具，保留下来的除了好友的馈赠纪念，就是用心添置的。花瓶也是水晶的，敞口，身上盘着大花朵的雕刻，插百合花用，三朵大花，淡粉、淡黄、纯白，像三张美人的面庞，散发出馥郁的香。手抚一下，手也是香的，夜里穿堂风跑一圈，整个屋子浮动着香。

我喜欢香气。过于芳香的女性香水是姐姐送我的巴宝莉,家兄送我的宝格丽古龙水则优雅冷静,凡事凡物我偏偏喜欢两极,而少女甜美的玫瑰香水,我会觉得不够绝对。若这一天装扮得非常艳丽,则用女性香水;若装扮得略中性,则用古龙水。

从前在北京的蓝色港湾买过一个手绘玻璃熏香盏,家兄付的款,上面画着幽绿的芭蕉叶,放一个白色无味的蜡烛进去,蜡烛火烘着玻璃盏顶上盛着的一汪滴了迷迭香精油的水。深夜里,关了屋子的大灯,只燃烧着蜡烛,不用看书,抱着膝盖在椅子上、在芳香的空气里,冥想一会儿,就很舒服。

洁白的墙面是我喜欢的,我偏偏不喜欢墙纸,觉得那样的房间就像一个花团锦簇的纸盒子,显得待在里面的人是个很小、很傻气的人。白墙上渐渐挂起来好看的装有镜框的字和画,都像飞来的,屋子就活了——仿佛带着倦意醒来,越来越清晰,就是那样的感觉吧。

故意托裱几幅字画,偏偏不挂起来,卷轴卷起来,插到一个很大很重的圆肚子大花瓶里,露出卷轴两端的木头颜色来,很神气。这个花瓶是景德镇的手绘画家自己烧制的——杏花欲言又止、矜持端庄地伸过来一枝花——我遇见它的时候简直以为是奇迹,它正在一家香店的橱窗里落着尘,是店主十年前亲自去景德镇采买回来的旧物。

由此而想,相遇的惊喜来自——我们想要什么在先,然后上帝就给了什么与我们。否则,何来的惊喜呢?

再推想:今天我们拥有的感情,不是命数又能是什么?

不够惊喜的感情,我们也不会主动去拥有,并达到天长地久。所以更是命数。

麒麟兽,怎可或缺于我的生活。这人间的至德至善,孔子先生的最敬重。佛山手工麒麟，有涂绿釉的，有陶的——泥的颜色，也是十年前的旧物了，那时候还有这种完全是手工捏出来的——连洁白的牙齿和脚爪都是用手小心地调整出来的。现在没有了。我拥有的三对麒麟，每一对的其中一只都送给我最爱的人，留下每一对的另一只，就仿佛我和他们在滚滚红尘中从不会失散。手工麒麟像京剧戏台上装扮得齐全的演员，周身盛大，挪移起来尤其要小心。我用泡沫塑料把它们裹得像个小包袱，然后装盒，抱在怀里上飞机——非常重。这才能安全抵达情深的人那里。他（她）把麒麟摆在案头上或者钢琴上，有时带着思忖的微笑凝视麒麟，那就是在想念我了。我知道。

连着喝五泡功夫茶，对我来说真是享受，在热气腾腾中，五脏六腑都被洗濯。用妹妹送给我的云南建水陶壶——钢板似的沉郁，壶身圆润乖巧，就像妹妹的性格——就仿佛正在和妹妹一起喝茶，看她微笑温柔的面庞，总是欢喜。紫砂壶则是等姐姐来看望我的时候用，我们都喜欢抚摸热烫的壶身上细细的几乎看不清楚的暗暗的紫砂的颗粒，就像稀世珍宝。中国文化里的绵长情感，我们是能够体会到的。

买来的香云纱大长围巾，商家用一个俭朴的小花朵布口袋装好了寄来——摸起来绵绵软软的，而里面是华丽丽的丝绸，就觉得很满意——这份小小的奢华。箱子最底层有一套永远也舍不得穿的杏花花朵真丝睡衣，于是就可以即使平日朴素得令人发指，内心也大放宫殿金色的光。

手绘的大红桃子和鲜绿的叶子，这样一对手工的陶瓷笔筒，拙拙的、敦敦的，普通的圆筒形，我一见就停下了脚步。这是在十年前的地坛附近。

我一说"十年前"这三个字，心里就如寒秋一样天地清明，真干净啊——其实比白茫茫大雪的意象来得更干净——天鹅、大雁、荷花雀、燕子和各种群鸟都飞走了（但愿南边的人口下积德，不要一口一个荷花雀了），庄稼和果子都收完了，树叶落空了，草没入了土里，花朵早已打烊，散步的恋爱中的人们也回归到温暖的小房间里去了。

我在黄昏的地坛附近住着，从后门往前门去，笔直的一条中轴线；再从前门往后门来，半途中抬头看了看星星。那时候电子风筝刚刚问世，它们蓦然飞升并固定在天上，鸽子蛋那么大的一团光芒，令我好生吃惊，以为是外星船来了。土老帽一大个，就是我啊。

在那段很短暂的赋闲时光里，我的日常就是在地坛附近溜达，然后遇见两个在我眼里是稀世珍品的笔筒——因为手绘的桃子和叶子的专注用心是无法模制的，工匠的心在里面呢。之后我就再也没有遇见这样的瓷器了。如果我前往景德镇专门采买如此朴拙的器物，估计十有八九也是遇不着的。

我常常想：怀着工匠之心的人都在哪里讨生活呢？藏在世界的一个角落里吧！独自埋头，或许清贫，内心快乐。

当年阮籍有诗：林中有奇鸟，自言是凤凰。

——又骄傲又安静。

我偏偏把一对笔筒都赠予了他。为何不留下一只？是不舍得它们不摆在一块儿。它们的好他究竟懂得吗？或许哪天就给闲闲地扔在某处了？十年过去了，我问他笔筒在哪里。他欢快地大笑：全在看书的桌子上摆着呢。这十年里，他辗转过好几个屋子，而笔筒定定地跟着他。

这还差不多。我放下心来。就像得知两个相识的小猫的命运后来一直很安好——心升暖流，一派祥和。

每个少女、女子，都应该有一个木头桌台。如果我们有条件，就在屋子里开辟出一块独立的小空间，五平方米足矣。这里面的一面墙安置整体衣柜,一面窄墙安置物事柜和鞋柜,物事指的是各种围巾、包、雨伞、太阳伞和配饰。一面墙下则放着刚才我说的木头桌台,桌台的旁边放一个折叠的熨衣板和熨斗。

这就令一个屋檐下有了清洁有序的质地。

木头桌台用来做什么呢?叠衣服之前,我们手边有一把金剪刀,一个沾毛的滚筒刷,一个韩国的针线盒子(质量好)。每一样衣服晒干后收取过来,边折叠边检查,该缝补的则缝补,该剪去的线头就剪去,该沾去的细小毛团则沾去。"苟日新,日日新,又日新。"打扫它们就像打扫心灵,归位是最好的状态。那些草莽之心、狂妄之态宜在静默中敛迹。衣服搭配好挂起来,它们的平展竖直、优雅香味表现出的是端方的气息。

这是每个夜晚九点之前该完成的活儿。所以为什么坚决不可以有那些百分之九十九是无用的社交,不是因为无用所以不去掺和,而是因为若参与了虚与委蛇的往来酬和,九点之前的诸多活儿就做不了了——包括每晚七点前去荒草坡给"毛孩子"送饭、九点之后的夜跑和十点的面膜——如果把这些事耽搁了,必然会在第二天清晨醒来后看着阳台上未收的衣物,顿感生活一团糟。

F君问过我是否是社交达人。我几乎一跳老高地回答他:完全不可能是!我顶顶害怕生活一团糟,我是个令人发指的自私狂人啊。

我也不追剧。只在睡前翻几页书,催眠用。一年里阅读的经典书都是在地铁的来回里完成的,所以在家里几乎可以不读书。但是看经典电影是常规,一周或者半月一部。

我说这些难不成是想三个女儿完全同我一样活着(看起来很孤寂啊)?孰对孰错?不酬和往来就没有机遇,机遇里又总是吉凶参半,若为了"得"而失去了个体的本真性情，从而成为一个荒诞虚假的人却不自知，只是在人前活灵活现地表演，则不是白活了吗？

慧极必伤，情深不寿，强极则辱——不如宅着，戴一副白手套盘玉。这是我周末的午后喝了功夫茶后做的事。

女子有行，远父母兄弟……

《诗经》里说的是女子出嫁了走很远的路。放到现代女性这里，女子有行可以不只是拘泥于嫁人这一件出远门的事。女孩子高中毕业离开家乡去远方求学求识，从那一天起就是一个人在路上行走了啊，无论是清寒还是宽裕，无论是一个人还是两个人，无论是在租住的屋檐下还是在属于自己的蜗居里，都应该将烦琐的小生活打理得"眉清目秀"——你生活的样子就是你灵魂的样子（又说一次）。

貳

人食

1

如若遇见了意气相投的人,
去黄昏的林荫路上走走

∵

大型超市里的肥牛处理得非常好,排酸后切成薄薄的大片,肥瘦相间两三层。用塑料薄膜卷好,再用一张柔软的包装纸很老式地卷成一个沉甸甸的小包袱,生猛感立刻被冲淡。这样精致的肉片还是适合韩式烤着吃。平底铁锅,滴稍许油,放打开的肉片,真像是一卷厚纸,调至小火,烤至淡淡的焦黄色。在大平盘里摊开烤熟的肉片,抹东北大酱,放青辣椒切成的长条、独头蒜切出的蒜片,卷起,再用控干水的生菜叶子把肉卷整个卷起来,用牙签封口。搭配冰镇蜂蜜柚子茶。六个肉卷,不用吃主食,就有微醺的饱意了,而且保证了维生素的摄入。

在饭店吃一顿韩式烧烤,很保守地点单,比如肥牛和石锅拌饭,泡菜饼和冷面,烤红薯片、土豆片、蘑菇,酱汤和饮料,两三个人也会花去两百元。如果自己做着吃,采买花费不过五十元左右。有人说出去吃饭是为了社会交际。但你回忆一下,在那种喧嚷的中国式饭店氛围,大家埋头猛吃是唯一主题,然后大腹便便各自打车进入深深的夜的马路,似乎与一种有仪式感的社交欣赏和沟通完全背道而驰了。

从肥牛说到社交,是想规劝我们,如若遇见了意气相投的人,去黄昏的林荫路上走走（里尔克说，不停地徘徊），便是最好的社交。如果是因事业而必须交往的人，其实公司的会议室下午茶或者便捷咖啡馆的小茶座，就是最有效、最有格调、也最有分寸的社交方式了。杯觥交错四个字，真心粗鲁得令人不好意思观望，因为似乎每个人都各怀小心思呢，为了掩饰，便只顾着吃和嚷嚷了。正是那句话：并不聚气。

2

我们会在某个周末的下午炸一大盘薯条，
拉了窗帘，面对面坐在地毯上吃

❦

西式烹调最大的好处莫过于可以分而食之。

众人的筷子头从口中来到同一个盘子里，回到口中，再次向同一个盘子进军，伸入，甚至稍微挑选一下，放下这个而取了另一个。筷子头上的涎水——在中式的进餐方式里，细细想——有败坏人胃口的本源。而且聚餐的饕餮感，是让道德不安心的存在因素。第三个坏处呢？喜欢这个而不喜欢那个，营养会不均衡，尤其是没有自制力的儿童和少年。更有第四个坏处，众人围着热烈的菜品，不免要更热烈地说话欢笑，仿佛这样才对得起美食，于是便嘈杂，当然容易因暴饮、暴食、爆笑而引发胃痉挛；并且，热衷于吃喝的人或者肥硕体虚，或者面目油光市侩。

而西式进餐，菜品简单得近乎清冷，则更好。冷热头盘、餐前汤、副菜、主菜、沙拉、甜品……良心妥妥的。

分餐制，不仅分量合理、平均分配，而且每样都要来一些，不会养成挑食的坏毛病。进餐过程不仅是食用，也有欣赏，更是照顾自己身体的静默调息。有信仰的人餐前会默祷对大自然的感恩，并在餐后致谢，这两个仪式使得一餐饭的整个过程完整、有礼有节。礼,感恩;节,节制。用金星的口头禅:完美!

文明,即简约,在朴素中发扬精致。而不是在虚荣、贪婪和浪费中抵达"讲究"。

乌龟、蝙蝠、刺猬、仙鹤、猫、狗、雀鸟、蛇、青蛙、娃娃鱼、穿山甲……灵兽、人类曾经的家人,以及大自然的有益者,万万不可尸体横陈于餐桌。西式餐饮的选材在这方面不会如此溃烂(道德的腐烂)。

有一个女性熟人,热衷于野生动物的烹调,讲话的两个关键词是保姆和乌龟——家里的阿姨做好了红烧乌龟;保姆和红嘴雁——家里的阿姨做好了红烧红嘴雁;保姆和青蛙——家里的阿姨做好了红烧青蛙……

这是对所属的所谓精英或者富裕阶层的优越感的强调。她即使美如画上的仙女,心灵上的油迹斑斑和腐烂气味也洗不脱。

法式奶油蘑菇汤——把用橄榄油炒熟的蘑菇和洋葱在粉碎机里打细,加入黄油炒熟的面粉,一起用牛奶细细熬之,加胡椒粉和香叶碎。能在傻白甜的温吞里感受到洋葱和胡椒的刚强。

土豆泥,覆盖芝士,入烤箱。金黄而拉丝。

沙拉——金枪鱼罐头和彩椒、洋葱圈、新鲜薄荷叶,淋金黄橄榄油。

意大利面,搭配番茄浓酱汤,加芝士,还可以加一点肉碎。

炸薯条,煎台湾香肠,糖醋小排。

这些都是我平时很轻松就能完成的菜品。它们使得我大脑清朗、生活明艳。

笑笑三四岁的时候,我们会在某个周末的下午炸一大盘薯条,拉了窗帘,面对面坐在地毯上吃。配热烫、艳丽、芬芳的红茶。这个画面的温馨至今令我觉得生命多快乐。

拒绝大桌饭,只和心爱、欣赏的人面对面,吃的时候专心而静默,但微笑。

3

手捧清淡泡饭,郑重和肃穆,还有
遥迢秋色渐进的天地清白

❧

用鲣鱼刨花做的清水泡饭,在周末的傍晚吃。正逢雨后,虽未有荒野艾蒿的泥土新鲜味道涌动于窗外,也不见双虹——那都是故乡的产物,但泡饭的清淡令人愉快。

日本人称呼这种饭为猫饭。带有淡淡烟熏味道的薄薄的鲣鱼刨花,在开水注入的时候摇曳生姿仿若百合,加入酿造的清淡酱油,就可以喂猫了。人也爱吃。人和猫一起埋头吃,在有穿堂风的舒展庭院里——这也是故乡的产物。但手捧清淡泡饭,郑重和肃穆,还有遥迢秋色渐进的天地清白,虽在高楼,还是令人愉快的。

搭配和风腌萝卜干、酱油芥末三文鱼。冰箱里的冷藏鲜柠檬切片,用蜂蜜水浸泡,做成饮品。

因为无欲望,所以无焦灼。日子可以过得很小很小,但亦很安全并舒适。迁居汉口五年,从未去过一次大型商场。只在超市购买日常所必需的用品、在某东商城为自己和家人、朋友添置所需之物和书籍。每月薪资,除了供房和孩子老人的生活补贴,猫咪们、狗儿们的罐头和豆,以及交通卡充值、手机费充值、水电燃气费充值,几乎再无其他开支。

稿费则用于收藏美玉的喜好。这样缓缓的过日子法，竟然也随着日积月累而使得境况丰盛并笃定。

我们虽是"伟岸"的人族，但心地应如会精打细算的小虫，母亲常说的省得即赚得——开源节流的另一种阐释，在短时期内似乎不见多么惊人的效果，但三年五载、十年半生，朴素清朗的人和浮华躁动的人，即使同样的收入，却也过着不同况味和心境的日子。

人心向善——薪资和其他收入的合理安置的另一种阐释。主持居家日常的主妇心里装着的不应仅是琐碎花销和积蓄起结余的金钱，更应该担负起责任感敦促的"舍得"所带来的良心宁静——对人情的打理、对老人的关爱、对弱势生灵的每日一善举。

如此一来，家庭的全局、生活环境的延展面，都月月妥帖，这正是为人的基本底子、生活的基石，它决定了一个家族是否和睦安康、家和万事兴，所以也决定了一个家族是否兴旺祥瑞。

夫妻二人构造的家庭，与一个人生活的小家相比较，其实也不会多出太多的复杂性。重点是家庭观的确定和养成。在女性普遍就业、夫妻二人共同创造经济来源的当今社会，男性和女性都会在心理上有职场带来的繁杂，则家庭里的劳动和"操心"不应该只压在女性的身上。若在男尊女卑思想下男方拒绝看似琐碎而平凡的家务活，则女方不堪绵长的苦楚，内心焦虑，心怀委屈和不平，由此会产生诸多矛盾。更有甚者，男方不仅拒绝家务，更因自身没有良好的生活习惯，而给女方带来更多的家务负担，则矛盾加剧。所以"男主外、女主内"的界限已经不适合这个时代，若泾渭分明，则职业女性会感到不公，从而对爱情失去信任。而频繁的争执则会迅速消磨掉爱，甚至是内心里的怜惜。失去了怜惜，离陌路也就不远了。

母亲的另一句常说之言：好吃不过茶泡饭。从中年往后走，老人的话开始清晰地响在耳边。因为希望笑笑、苗苗、红梅都是向善的女子，所以写下这些谆谆之言——向善了，温饱即是富足和贵重。

4 做好任何一款美食都不可能浏览了制作指导后就一蹴而成

❦

罗勒牛肉香肠,如果是油煎,会因渐渐失去水分而发皱,而且肠衣容易越来越焦黄,几乎是焦红色了。入口,发现肉糜过于娇嫩,也就是说,外焦而内生。所以还是应该选择水煮的方案。这样的香肠白白净净,不黑、不破、不干,美国辣椒汁浇之,刀叉享用,搭配奶油蘑菇汤。

专业书上说,香料是西式餐品的灵魂。罗勒的味道是柔和的芬芳,令肉制品的口感清爽。西人还喜欢百里香、迷迭香、牛至、肉桂、欧芹、黑白胡椒。那首著名的《斯卡布罗集市》里的歌词:您要去斯卡布罗集市吗?芫荽、鼠尾草、迷迭香和百里香,代我向那儿的一位青年问好,他曾经是我的爱人……

今天说罗勒肉肠,并不是旨在说香料,而是想说,做好任何一款美食都不可能浏览了制作指导后就一蹴而成。那需要三到五次的不断吸取教训,最终才趋于合心意。

就连炸肉丸这样简单的食物,一个关键的步骤,也是渐渐牢固记住的——在滚油里炸透出锅后,稍微放凉,再分批回到沸油里炸第二遍。

这次出锅的肉丸外焦内香，个个挺拔。

薯条也如此炮制，外黄内白，个个挺拔。

至于酱汤，貌似好简单，也是做到第三次才把握住其中的许多"小心"。首先是选取的锅，千万不要那种深的不锈钢汤锅，锅的容量大，很容易做出来一大锅却无法喝完，用十厘米左右高度的敞口搪瓷或玻璃汤锅最好。其次是味噌料的多少，普通铁汤匙用平平的一勺即可，多了则咸、少了寡淡，而且一定要用日本原产的味噌，它含有淡淡葡萄酒发酵的芳香和微酸感，令汤馥郁而饱满。豆腐，不要嫩豆花似的豆腐，要老豆腐——炖鱼的那种豆腐。海带，浸泡一夜，充分去盐，味噌本身的咸就足够一锅汤使用了。黄豆芽、白菜叶子、肥牛片几大片，这几样一定要有哦，这样汤才会增色。关火后，再来一把木鱼花。

我第一次做的酱汤，因为锅太大而不由得做成了一大锅；用的是东北大酱，而非日本味噌料，酱的味道粗猛，缺乏发酵的酒汁般的细腻芳香；豆腐则是嫩豆腐，很容易碎，入口则化，不过瘾也。第二次做，味噌料抖然舀了一大勺进去，海带也忘记浸泡了，于是忒咸。直到第三次，我除了谨记前两次的败笔，更自作主张地加了一把带奶酪的美国土豆泥干粉进去，汤汁更加稠厚——完美！

味道绝妙的食物一定有秘密武器。妈妈的拿手菜——凉拌麻辣鸡，花椒和辣椒干需在热烫的铁锅里翻炒后，亲手碾磨成碎粒，于是才荡漾出它源头的刚烈和劲道。姐姐做的大盘鸡，用整瓶的啤酒炖；家兄的清炒土豆丝，刀工极好细如豆腐丝，翻炒的时候铲不离手，持续翻炒十分钟以上，并且加入一小勺虾子的粉末，些微的醋、盐，直到感觉土豆丝外酥内软，底下已经有了黏稠的锅巴，才撒葱花出锅。我的神仙白菜，家兄匆匆来电问，为何做出来总是水趴趴的，不如你做的好吃。我告诉他，只用白菜叶子，不要帮子，油略略多点，要加黑胡椒、蚝油汁、葱油、花椒油、西红柿的小丁，醋顺着锅边走，最后勾芡。

我永远怀疑那样的一种"所谓友情"，两个人面面相觑，其实根本不知道对方喜欢的食物、拿手的美食，却每每"么么哒"以及"约起来"。某年黄昏，我和诤友兴程兄在葡萄园烤肉吃。我爱吃肥的，他便把烤得焦黄的肥肉留给我和另一个女孩吃。后来我们回忆起当时——当时只记入山深，青溪几曲到云林……都说那一瞬间的斜阳真是美极了。

5   两个要好半辈子以至一辈子的人，
       一定是一对默契的吃货

※

很多事情都是听来的，放进心里，渐渐就懂得了其中的逻辑和必然性。虽然信息量极其大，我自己简直就成了一个负责数据分析的计算机，但大脑越锻炼越机敏——半生所遇，最终条分缕析，加法减法，几乎在弹指间完成——抑或叫作了断。

十多年前，那是我生命的一个顿点，那时候的事情于今日更加清晰，也许十年后的我看今日，也只会愈发清晰，并知道自己究竟对错与否。那时遇见一个来自重庆的中年女人，比今天的我稍大些。她为了写作辞去公职、离婚，保留好在重庆属于自己的房子，就孑然一身来到了北京，正式加入北漂一族。但是她比漂泊者幸运多了——认识了京城一个广东籍的男人，比她年长十来岁。都是文化人，所以有相安无事甚至很匹配之感呢。她告诉我们，她每天在书房里拉上窗帘写作……

这个画面的安静和淡然，是我一生所求。所以记忆深刻。

又过去了几年，我竟然再次遇见他们夫妻二人——女人一贯的盈盈笑容，男人一贯的谦谦君子。颇有相濡以沫之感，是神仙眷侣呢。我心里暗暗羡慕。

他们在十多年前的生活细节，我依然记得——女人每天要做两份饭菜。她自己吃辣，给男人煲汤、蒸鱼、炒青菜。

然而现在的他们早已劳燕分飞。分开的时候，男人应该有七十五岁了吧，女人也五十多近六十了。说是给了一笔分手费的。女人应该不再在京城徘徊了，而是回到山清水秀的重庆，虽独居晚年，却不至寒苦。

关于脾性，不相处谁也不知道对方什么样儿。这个暂且不妄议。其实，他们分开的终极原因还是——吃不到一块儿。

我这样下结论很武断吗？

一点儿也不呢。

比如我做了最爱吃的家常炖武昌鱼，端上桌，对方在一秒钟告诉我——我从来不吃鱼的。那不亚于一盆冷水浇下来。

不能分享美食的快乐、生活方式的快乐、兴趣的快乐、生命意义的快乐、奉献爱心的快乐、专注于事业的快乐、各种"观"逐步树立得坚定的快乐……那就是陌生人。

而两个要好半辈子以至一辈子的人，一定是一对默契的吃货。还要说到十年前的那个顿点，在一个寒冷的冬天，二哥喊我去家里吃饭。他做的大白菜烧干虾，我们吃得不亦乐乎。二哥的母亲托人捎来的煎饼和肉炒咸菜，我们卷了一个又一个。后来我们喝茶，说话。直到今天，我依然喜欢喝二哥冲的茶。坐在他的身边，哪怕分开一年、两年，再见面依然是亲人的信赖与妥帖。他喜欢偏过头看我一眼，我喜欢此时立刻笑出来，因为知道他满肚子对我的各种点评，无论公允否，我都接纳，管那些呢——今日同堂，出门异乡。别易会难，各尽杯斛。

芥末牛排——我和翅膀一起的最爱。每年相见，固定的咖啡馆、固定的菜式，为了省钱，我们从来不点咖啡，只喝免费的柠檬水。她坐在我对面的卡座里,咖啡馆温柔的光里是她的面庞,专注的眼神、微笑的嘴角、清亮的声音——翅膀是我的坐标,看见她,我就知道自己一直在坚实地活着呢。翅膀切开牛排,我们一人一块——是的,牛排我们只点一份,两人吃。我喜欢我们俭朴的生活观。

牛油果怎么吃呢?百香果怎么吃呢?我在电话里教家兄。他逐一学来,虽然牛油果油腻、百香果极酸,但是他满心的喜欢,把我买来的这些果子一个一个认真地吃下去——其实他真的就喜欢这些奇异果子的味道吗?大约也不。但是欣喜于友情的表达,所以及屋地爱上了果子,当然要一个一个赞不绝口地吃下去。我还给家兄空投过三文鱼段,他仔细地用胡椒柠檬汁腌制,两面煎香,把那是怎样的鲜美说给我听。

但如果是两个并不真的喜欢的人到了一起,对方最常见的样子是:好奇怪的味道啊,我不喜欢吃。

其实,不喜欢的是一份并不完全真挚的相遇。内心的排异也会生发在交往中的许多细节里——缺乏包容心和尝试心。

我十五岁时喜欢的男生,三十年后重逢,适逢我生病,他为我熬了一锅白米银耳粥。这是我此生吃过的最好吃的粥。

也就是说,我们真心爱的那个人,他操持的一切都是好的、恰当的、妥帖的。如果是为了现实条件组合的爱情和婚姻,缺乏欣赏甚至仰慕,于是没有懂得和慈悲,那么对方做的很多事情,就只是不满意、不顺眼,有沮丧的凑合之感,甚至令人颓废呢。据说一个脾气很大的女子,离异后在另一个男子那里温柔如猫。说的就是这个逻辑吧。据说一个很喜欢吃牛肉面的男子,离异后找到了真爱——那是一个也超级喜欢吃牛肉面的女子。

我和妹妹的儿子几乎是意气相投的,尤其是去海鲜市场采购时,他看我一眼，对我大声说，你不是最爱三文鱼吗，要不要来一份？然后他又瞟一眼他的母亲。于是我们都大笑起来。他的谋略——完美！

春风畅和，天作之合——女孩子选择男朋友，要是能一致地对某种饮食习惯生出愉快和激情来，这样才靠谱呢。因为喜欢吃什么，也是一个人的内质构成。相爱的人共同度过一生，那要怎样的一种天意注定的高度默契啊！

多年前，遇见过一个吃醉虾的男子，透明的小虾蹦跳满桌，他投身其中与生命赛跑，笑意盎然；还遇见过一个吃火锅的男子，他把一只四足乱动、活的小甲鱼直接就扔进了沸腾的锅里，就像把一个婴儿扔了进去。这两个人，我从此没有再见过。据说他们的结局都是潦倒的。我这样说他们，终于快意和释然了许多。

6

清淡的食物，冲淡人间的气息

⋮

金枪鱼罐头，美人椒两枚，用粉碎机粉碎，搅拌入原味沙拉酱和橄榄油，芝士一片，生菜叶和薄番茄各一片。夹面包。

这是我理想中的好吃的三明治。配清咖啡。

看好看的书。在有绿植和小生灵的小院子的一个小角落端坐，目光和心灵冲破光海，看世界乃至宇宙，尽收眼底。这便是我的乐园。

如果适逢一场暴雨，天地苍茫，水从天上倒下来，人间的气息被冲淡甚至被屏蔽，大地洗净，植物旺盛，生灵安静。

有一天，家兄这样评价我：她是怎样的人呢？她是人间善良的小灵兽，她与生灵为伍，她走到哪里都如森林女神。

这正是我理想中的我。

这是世界上最好听的话，我等待一生的话。

7 我们与茄子的
感情极深

包着茄子头的茄把，妈妈说不要剥去，入菜很好吃。菠菜红色的根，也不能偷懒一刀切了去，要耐心地把根须清理干净，留下鹦鹉嘴——营养都在这里，吃起来确实味道比叶子浓，有嚼劲。柿子椒的心也切成三五刀，和辣椒一起爆炒，很入味，我们都会大咧咧地先把辣椒心吃掉，扬起脸互相看，那意思是——你看，我一点儿也不怕辣！花生皮据说也有营养，可是，不能把搓下来的一捧红衣倒入嘴里。那时候，我们喜欢站在院子里吃炒花生米，红衣一搓就随风去了，很是清爽。同时又生出营养都散到风里去了的遗憾。总之，大人把那些边边角角的东西都说成是最有用的。于是，至今我不削苹果皮；吃米饭时，也是一颗都不留在碗底。如果说有家风，这个也算是吧。细节最见教养。一个细节就能识破一个人——虽然这么说有些绝对，但是教育下一代不能马虎。她们将来走上社会，要想前途似大海，就不能在细节上令人讨厌。

茄子的味道略似肉。不过我若建议吃素食的人想吃肉的时候就吃茄子，那是在小看素食主义者的定力。反正我最爱吃茄子。想吃大餐的时候，竟然买回家两只茄子。大餐会发胖，大餐会费钱，大餐不环保。所以，想吃大餐的我竟然是细细磨刀切茄子。切去真正的茄子把，把如花萼的茄把和茄子一起切成薄薄的片。拍一个独头蒜，就那么一块一块地，不要碎碎的。切五根美人椒，薄薄的圈。开火，下油煸炒茄子片。茄子最吸油，热锅里马上就干燥了，不要心焦，加盐和糖小火慢慢翻炒，终有那么一个时刻，油又全部浸出来了，茄子看着润润的、滑滑的，紫色里泛着青绿色，现在它们很亲和了。加蒜和椒圈，它们两个不要完全断生，要那么点生猛的清脆，所以翻炒十下就可以起锅了。有茄子的清甜味道，蒜味甚为喜人。除了盐和糖，什么佐料都不要加哦。吃茄子向来就是吃它们的本味的。

  茄子也可以和西红柿、辣椒同炒。但是西红柿的酸味浸到茄子片里，从来就觉得是败笔。炒茄子也没有听说要放醋的——反正我从来就不放。小时候常常吃蒸茄子。长茄子划成四条，茄把那里不要切过。拎在手里如剥皮的香蕉的样子，就对了。七八个长茄子用清水洗净，划开，放在蒸笼上蒸。蒸到它们软趴趴的时候，就可以出锅了。所以这个菜叫趴茄子，四川人都爱吃的。妈妈会说，今天吃趴茄子哦。用的是川音。四川人夸好男人叫趴耳朵，意思是一样的，都是性格绵软的好脾气。光蒸熟一锅茄子没有什么了不起，关键是调制蘸小料。在重庆，你随处可以见到豆花店。豆花店里一定有一碟一碟阵容盛大的蘸小料。妈妈用擂盅砸干红辣椒、砸鲜蒜、砸花椒、砸芝麻，砸一切可砸之物。这么说有点儿狠了，不过砸佐料的时候据说是要咬着牙齿的，否则不香。比如爸爸要我们擂蒜，他尝一尝说，刚才是不是没有咬牙？我们当真没有咬牙，我们漫不经心地边看电视边砸蒜，是总算完成任务地交差的，爸爸就尝出来了，何其神妙。趴茄子热热地用白色大搪瓷盘子端上桌，摆在正中间。所以我方才说想吃大餐的时候竟然买了茄子回家是有道理的。小时候,我家的趴茄子可不就是堂皇地摆在桌子正中,作为大菜的吗?蘸料里有油泼辣椒、酱油、青蒜、花椒、糖、芝麻油、辣酱。用筷子夹一根清甜的茄子,蘸一下小料,哦!我们全部回四川了。

我们与茄子的感情极深。小时候刚蒸好的馒头,我们把柔软而有韧劲儿的皮剥下来,包一筷子清炒茄子——里面有辣椒丝的,那个香,那个满意,那个成就感……竟然别的任何一种吃食都不能带给我们这样盛大的感受。

8 在自己布置的小音乐餐台上吃饭喝茶

　　在厨房间延伸到尾部的那节橱柜边，我安置了一个高的吧台凳，那里正好有一大扇窗子，于是放了一盆曾经沉寂如死两个春天后竟然抽出鲜绿枝条的榕树盆景。窗台上有一个水晶花瓶，我有时会去花店买三枝白色、粉色、黄色的百合回来。

　　这里就是我的音乐吧台了。手机的音响效果很棒，郑少秋的《心中雨》百听不厌。我把在橱柜另一头的灶台上做好的热腾腾吃食，冰箱里的果酱、黄油、腐乳，自己炒的细碎雪里蕻咸菜，一分为四的松花蛋，切成块的苹果，一样一样摆满我的眼前。返身把灶台清理干净，擦拭如镜，用过的厨具清洗干净各归其位，地面擦干净，这才冲一杯红茶，笃定悠悠地攀上高高的吧台凳，拿起刀叉。我将在这里度过大约四十分钟。

　　天色已黑蓝，我的影子投在窗玻璃上，纱窗里夜风徐徐。音乐响起的时候，我的三只大猫不知何时已爬上与厨房间紧邻的阳台的窗户，罗列躺好，伏着小圆脸，渐渐要睡着了。小狗则在我的脚下，仰头等待我一边吃，也一边给它来一块香肠、一块奶酪、一块面包。

叫大橘的猫喜爱吃松花蛋的溏心，终于按捺不住，也过来了。五宝问我要做泡饭用的木鱼花当零食，抓一小把给它，真像捉住风中的刨花。三宝不馋，总悄无声息地转移到冰箱上，它微觑着眼，把我的音乐吧台全景纳入视线——它喜欢我营造的小生活。

居家日子当然是可以没有烟火气的，杂乱油腻的人生其实不正常。

但有人会质疑：本在人间烟火里，为何反要追求无烟火气？

无烟火气，是心灵对有序和洁净的追求，更是一种节制之心。有了这个，普通的日子里就有了美和禅意。坐定修身，就是这个感觉吧。

无法令人坐定的一隅，如何静心深思塑己？不建设条分缕析的环境，如何成为一个恪守追求并能够实现理想的人？

所以出家人每日早早起来，以推开山门的洒扫、担水、煮粥，为第一修行。看李叔同全集，一个大和尚回答信徒的话：如何修行？洒扫。修成后去做何事？洒扫。

这里面的禅机，我们懂了吗？

烟火气，是喧哗，是躁动，是饕餮，是蠢蠢，是好聚众的一种坏习气。虽然欢聚于人生的记忆是极其有意义的，但不能无聊于时时的无厘头聚首。

在和女儿们一年到头并不多的欢聚的日子里，饭毕，在乌鲁木齐姥姥家，我把餐桌清理干净，送上热茶，就去了厨房间继续清理。她们和大姨在餐桌那里喝茶闲谈人生。大姨是一名年轻的教授，她总会给孩子们讲三五年后她们应该有的样子和应该做的事。她们听得投入。戴着围裙和橡胶手套的我继续擦洗地板，在她们的脚下，暖黄灯光的小家因为清洁而更显欢笑声清朗。她们曾因为我的平庸、因为大姨的见识而宣称：要是大姨是我们的妈妈就好了。

倘若换作别的人，会生气吧。我却开怀地笑了——这一干孩子目光炯炯，紧听大姨的生花妙语，放我认真做擦地打蜡狂人，幸事哉。

无论有多大的事情发生，我必先完成所居一隅的打理事宜——物品各归其位，衣柜橱柜里的每一样东西清洁如新、分类搁置妥当，断舍离的东西该寄出的寄出，该放弃的放弃。尤其是床铺、厨房和洗手间，这三处最有生活气的地方，更是清幽如月光才最好。

周末的午后，我会在自己布置的小音乐吧台喝功夫茶。一小盅紧着一小盅，热烫的，滟滟的，能够擦洗清洁我的全部肺腑——我的目光穿出窗外，窗外是江汉平原上广大的土地和江河，我惊奇于我这辗转上下却平静如常的人生。

9 吃饭本不重要，说小话儿更重要

❖

在我们家乡，两个谈恋爱的人经常会找个小饭馆，点份汤饭和几串烤肉，面对面地坐下来，边喝边吃边说小话儿。

听说一个女子爱上了一位男士，她感到痛苦。为什么不是欢欣？也许爱情的本质就是痛苦，事关不可能的完全占有和容易嫉妒的不能自拔。有很少的强者能改变这一内质，让爱情升华、强大、无坚不摧、并肩前行，相爱终老。

现在，这个女子感到痛苦。也许男士明明是喜欢她甚至爱她的，但是响应得不够炽热，不够果决，不够激烈。局势不明朗。

女子几乎是咬着下唇在电话里对男士说：能不能出来一下……咱们去喝个酒。

看客记住，这种语言就是我们家乡的说话方式——不说"见面"，而是说"咱们去喝个酒"。男士在电话里想了想，回答她：酒就别喝了，咱们吃个汤饭去吧。

看客笑了是吧，这种语言就是我们家乡的说话方式。吃汤饭是一件比较郑重的事情——事关聊天、放松、说真心话，有恋爱的胶着，有朋

友的亲切,有知己的信赖,有亲人的体贴,有一种很放松的氛围——吃饭本不重要,但黄昏时候的这顿饭总要吃,该说的一车皮小话儿也能不浪费时间、在任何罅隙里努力表达透彻。搭配的烤肉补充好待会儿饭后在林荫道里散步的体力,这条林荫道通向二道桥或者光明路头的西大桥,甚至通向城南最尽头的水上乐园,也或者是城中心的红山公园。尽管走吧、说吧,终于释然地一笑,或默默地流泪,都可以。不断地走,并肩,一直到深夜。男人展露了他的绅士风度——他的藏蓝色夹克衫已经披在了女子的身上。

他虽然沉默,但是爱意已定;女子也已经心下明了。局势明朗——她是他的唯一。这夜,他们分别的时候,天上的星子格外亮地眨巴了一下眼睛。

如果这会儿我正好在我们家乡,呼吸,存在,自由走动,思想,邀约。对,邀约。我也会拨通一个人的电话:晚上一起吃个汤饭吧。他会放下手中的任何一件事迅速告诉我:当然好,咱们七点出发吧,还是那个老汤饭馆子。然后在暮晚时分,我们已经在一间窄小的汤饭馆里开始了彼此注视、身体温度的氤氲交融。他多情的凝视,我优越的虚荣,用安静的沉落来表达我对这份感情的满意。后来我们起身,往城北的鲤鱼山公园慢慢走,那座山真像一条饱满的大鲤鱼。我们的缓步和并肩,从少年到青年到中年,及至晚年几乎猝不及防就要来到。

但谁都不会惧怕什么晚年。

热烫清香的汤饭,用原汁的羊肉汤来做,投入半肥半瘦的生肉薄片、土豆丁和芹菜丁、西红柿和青菜叶子,放入几粒花椒,揪入筋道的薄面片,撒入盐和胡椒粉、葱花香菜碎末。吃的时候加入油泼辣子和少许醋。烤肉、烤肝、烤肠,配清茶一碗。

10

炸天妇罗的油烟透明如蜻蜓的羽翼，
低低地飞在额尔齐斯河岸

❖

　　小时候用淀粉混合面粉制成炸天妇罗的粉，炸圆茄子·薄片。夏天的傍晚，雨后的东戈壁，妈妈在院角小厨房里弄油锅，滚沸。深深的黑铁锅下，劈柴上跳动着艳丽的火焰。菜板上的圆茄子被切成一片一片的，搅合上黏稠的粉糊，一个一个地下锅，蓬松、浅黄。茄子肉的淡淡青白色衬着茄子皮肤的紫，透出丝丝的甜。野草更挺拔、更高，河水也挺起身来，我小心翼翼地闻见鲜绿的味道、旷野的味道、屋檐角燕子啄理羽毛的味道，风霍然从山后抬脚跑来。彩虹门下，我端端地看着，这么近……东戈壁，今日我已无法指给你看。

　　妈妈说，这是茄饼。于是我们就懂得了。大人渐渐更忙，我们渐渐长大。我们在夏天，在院角的小厨房里，炸茄饼。粉糊里加入少少的、细细的、白白的盐，一片一片茄子裹满全身，筷子头下到油锅里。深重颜色的葵花子油来自冲乎尔——那个叫作"粮仓"的山谷里低低的小平原耕地，我们尚未去过。白色搪瓷盆已然装满，放在烫热的水泥锅台上，保持住它们的酥脆。继续炒别的菜，馒头已经蒸好——在另外的两个大搪瓷盆里，高如麦垛，盖着白纱布。黑色的深铁锅里倒下油，羊肉炒尖椒，羊肉炒芹菜，清炒油白菜。还要来一个拍黄瓜，加入蒜泥、醋、香菜段。

这一家五口在薄薄的暮晚里聚到了一起，频频添着碗里的清茶。自行车倚墙停放着，河水声从敞开的院门和牵牛花的篱笆那里荡来，远山是蓝色的——这里又像是一个驿站，最后都得"告别"。连同院子和东戈壁、燕子、猫儿、狗儿、菜地、这五个人，一个一个转身离开，茫茫人海，近乎失散，过着已经无法被称为命运的命运——只是活着。曾经那样质地纯粹的生命和好运气，茄子饼和彩虹门，深夜的咳嗽和满天星斗，轻易从指缝间溜走，几乎又是被我们主动扬弃的。

备好炸天妇罗的粉。我切下圆圆的茄子片，化开北极虾，切下圆圆的洋葱圈，打理一片一片红苋菜叶子和南瓜叶子，一个一个香菇背上切出星星纹。油锅滚沸，飘出的油烟透明如蜻蜓的羽翼，低低地飞在额尔齐斯河岸。

三只猫儿和一只狗儿围拢着我，围拢着炸好的天妇罗，大家一起蘸日本酱油吃。

11

一大家子一起来吃咖喱饭，
唯愿岁月体恤人心

❦

印度咖喱像一块巧克力大板。如果是一个土豆、一根胡萝卜、一个洋葱、四两牛肉，所使用的咖喱调料则是二分之一块。

加多了会咸，且过于黏稠，菜品几乎要结成块儿。咖喱菜要的就是春雪融融之感，一大铁勺，浇在白米饭上。辛香，敦厚。用铁汤匙搅拌着吃。

而咖喱饭是要全家三口以上的人来吃的。一个人吃会有突然的孤零零之感。这是其他烹饪食物所没有的隐含的神伤滋味。

做咖喱总是要做一锅的。摆在餐桌的正中间。如果是一个人来吃，只得把大部分挪移到保鲜盒里，甚至要冰冻起来，而且不可能一顿接一顿地吃。那么，一个人埋头吃，就没有分而食之的愉悦感啦。

我依稀记得十多年前最后一次给他们做饭，做的正是咖喱土豆牛肉。冬日，在铁锅里做好，挪移到一个不太大的陶锅里，小火焖着。在方正的餐桌上，我为他们每个人往米饭上舀一些咖喱。黏稠的土豆已成泥，牛肉酥烂、肥瘦相宜，咖喱是金色的、辛香的，我却不能继续这段生命历程的芳香和辛辣了。

这一转身,几乎快二十年了。我每次吃咖喱饭的时候就想:女儿到我身边一起吃饭的日子很快就要到来了吧。

小狗金宝竟然喜欢咖喱的味道。我用馒头蘸取一点儿,它就痛快地吃下去,半个馒头就这么下到它的肚子里。因为咖喱饭无人分享而溢出的神伤,然,小金宝以热爱咖喱的实际行动,终究是抚慰我了吧。

吃过了咖喱,全身暖融融,但也满是香料的味道,这异域、这舶来!我喜欢他们的笼罩全身、盖过脚踝的白色或者淡蓝色的布袍子,配平底鞋。我其实也总是这么穿的。有一年回新疆,女儿远远地走过来,对我说,你这样穿简直就是一个印度女人。

不知为什么,过去岁月里心底爱的人,他们说过的每一句话、每一个眼神、每一个动作、每一件事,都能被我重新回忆起来、复述出来——恋恋风尘,唯愿岁月体恤人心。

12

天一冷下来,我就摩拳擦掌
做油炸牛肉丸子

˙˙˙

天一冷下来,我就做油炸牛肉丸子,是为了冷冻之后快递而不化开,以便家兄收到的时候依然新鲜。

我行事总是好大喜功。买了花和点心回家,必要拍照假装我岁月静好、永远在斯文读书、喝茶。其实当时心里乱哄哄的,大约正要带着窗帘出门去改,或是被别的烟火事情缠身,但我总要对外营造我安泰素淡的生活样子。若做牛肉丸子,多少次,我放了花椒油,忍不住又放黑胡椒,还来些罗勒碎;放了大葱,又加葱油;放了豌豆粉,再来些小麦粉;加了橄榄油,又看见核桃油,也来一些;最后再打两个鸡蛋,突然看见了生抽——好,加进去。如此一来,我的牛肉丸每每吃起来就有过于浓烈的佐料味,一点也不清雅。

而家兄是讲究原味和素净的。所以天冷下来为他做丸子时,我就收起了好大喜功的劣性,只在牛肉馅里加大葱和生姜打成的碎,加少许生抽、两个鸡蛋、水淀粉、料酒、黑胡椒、橄榄油。这就足够了。使劲儿逆时针搅一百下,盖上保鲜膜,微微发酵一个下午。到了晚上,黄昏灯初上的时候,我支起大油锅,开炸。一个一个滚圆的淡淡褐色的丸子浮起,出锅后,再回锅炸一遍,终于外面的酥是透的、干的,而里面也完全断生了。

晾凉后装入超级大的保鲜盒,放入冷冻层。到了第二天,结结实实的丸子就被快递出去了。

家兄在冬日里热馒头的时候会一起热两个来吃,是另一种风味。或者做白菜粉丝汤的时候放六个进去,又是另一种风味。如此两个六个地吃,倒也能把整整一个九九寒冬打发过去。

天一冷下来,我就摩拳擦掌,仿佛牛肉丸子不寄出去,家兄的这个冬天就不妥当。我这自以为是的劣性也久不能改正了。而家兄仿佛专为配合我的自以为是,他会在天凉好个深秋的电话里说:哎呀,一层秋雨一层凉,昨晚突然想到了牛肉丸子,馋得夜不能寐啊。

13

糖水是端给心爱的人的。爱情里
有些扭捏,更显其真

❦

南边的人家在夏天是讲究"吃糖水"的。北方人家不会正式而隆重地说,糖水已备,请午睡后去厨房饮用。

北方人若做了一大锅纯绿豆汤,就倒入大瓷盆晾着,旁边有一碗白砂糖,那也不会说这是糖水,而是大大咧咧地说,去喝碗绿豆汤,解暑。

广东人尤其讲究糖水。桂圆和银耳同煮,荸荠和冰糖同煮,绿豆汤冰镇后加入冻硬的葡萄干,菠萝和冰糖同煮,雪梨和菊花同煮,百合和冰糖同煮,薏米和银杏同煮,陈皮和红豆同煮……

试想一下,家中最年长的妇人在合家大小午睡之时,轻手轻脚地在厨房里煮好糖水,端至饭桌上,晾凉,一摞小碗和汤匙也取过来,然后她轻摇蒲扇,在躺椅上假寐,渐渐要酣睡,最年长的猫儿拢在她的身边也酣睡着。

这样的糖水只喝一次,就是难忘的。这与历练有关。这个年长的妇人经过青年时代艰辛的劳作,也经过中年以后同至亲的人的死别。她和我们一起去可园,见我喜欢可园古董店里的老旧木头窗棂——那上面有古朴的喜鹊和牡丹花图案,便告诉我,她的婆婆家从前就有这样的东西,床围上、木窗上,后来全烧了。她的爱人是一个帅气温柔的男人,是妹妹的老公公,却在刚刚退休的时候离世。当她说到婆婆家的往事时,心里会有微茫的愀然吧。

通晓心意——糖水的含义。沉默敦厚——糖水的模样。体贴入微——糖水的用情。简单明快——天真的发心。

夏天来的时候,我的厨房里渐渐就采买有了乌梅干、新鲜柠檬、大罐的蜂蜜、大袋的冰糖、薏米、银耳、孝感醪糟。

乌梅干还是中药铺子的好,和冰糖同煮后冰镇,那沉沉的底味是黑屋檐的烟熏火绕。

醪糟用凉开水冲兑,冰镇。做晚饭前先喝上一气,这就从容起来,尽可以慢手慢脚地把米饭蒸上,细细地切蔬菜。木心说,从前慢——从前的日子慢,车、马、邮件都慢,一生只够爱一个人;从前的锁也好看,钥匙精美有样子,你锁了,人家就懂了。

鲜柠檬冷冻成冰疙瘩,用利刀切成薄片,挑去籽,放入玻璃罐,倒入稠稠的蜂蜜腌制数日,取出三两片,加蜂蜜、凉开水搅拌均匀,冰镇。也是下班回到家先捧起来喝一气。有时半夜惊梦,青年时代的铁马踩冰河,去到厨房打开冰箱,在冰箱的光里懵懵懂懂,边喝边回味方才的梦。

薏米去湿气,单纯水煮,米汤温着喝即可,有淡淡青草或者玉米秆抑或是青稻的味道。据说有的胖不是真的脂肪厚,只需排了湿气,就是个美丽的瘦女人了。所以薏米于我是救世用的。

在我看来,最好喝的糖水是红薯和玉米同煮的水。汤色淡金、清甜,玉米须的味道也在里面,红薯发自胸膛里的甜蜜也渗透出来。无须冰镇，用无花纹的白瓷碗装着，当温茶喝。

我最中意的糖水是野芹菜煮水。《诗经》：思乐泮水，薄采其芹。芹菜的香有艾蒿的韵。这一生我最爱的植物就是这微小而豪放的如菊艾蒿了。野芹菜煮水有降血压和减肥的妙用——又是我的救世主。

银耳冰糖这款糖水一定不是为自己炖的。文火炖一个下午，到夕阳如炉膛里的暗火的时候才炖好。银耳软糯如胶，可以清肺安眠，用日本的小瓷盅盛，端给心爱的人，颇为款款，几乎矫情。爱情里有些扭捏，更显其真。

很难忘的糖水是小时候喝过的一种甜杏干煮水，煮到汤汁如水果罐头里的汤汁那么黏稠，用一个高脚的略深的水晶盘子盛，用铁汤匙吃。这是古尔邦节里哈萨克人家长条桌上必不可少的美食中的一道。那种高脚的略深的水晶盘子——仿佛只有这种盘子装着的糖水甜杏干才是世间佳美之味。

14　　　　　　　　　　　　　　　　　　　　　外婆的爱

重庆火锅店里的醪糟汤团，只看一眼就令人死心塌地地爱上。那醪糟的模样一看就知道是土法手工酿造的——团团如絮；那汤团竟然是糯米打成粑粑后，一团一团揪出来的小块，颜色微微发灰，嚼之厚沉。汤里还加了些微的爱心红糖，这是外婆对孩子们的爱啊。

所以我们爱恋一样美食，其实是在爱恋它的原始性。工业大批生产，被称为改良者，原味殆尽，也就是失去了精魂的伪美食了。

我每年去重庆总要去南山或者七星岗，找老火锅吃。热烫的茶水是老鹰茶。老鹰茶的意思是那种茶树格外粗大，老鹰都可以在上面做窝（我自己猜的）。这种茶树遍布四川大山和丘陵，也叫老荫茶。四川人说的好吃不过茶泡饭，一种是茉莉花茶，另一种就是老鹰茶。老鹰茶茶色琥珀，有木质的芳香，有回甜，是独特的，是妈妈清贫的童年和少年时代常用的茶叶。我那年在南山的火锅店里买到老鹰茶，寄给妈妈，她开心的声音就像个孩子。

吃重庆火锅必点现炸的酥肉，趁热就手吃。这也是外婆的爱的味道。吃不完的打包回家，用番茄酱、白醋、白糖和水淀粉调出酸甜汁子，做成糖醋咕咾肉的味道。

　　老豆腐和肥牛、毛肚和豌豆尖，也是必点的。我每年吃一次重庆火锅——一个人吃。我能在火锅里面找到外婆的味道、外婆的爱。其实，外婆三十一岁时就去世了。这个眉目清秀的师范毕业的女子，我竟然从来不曾遗忘过她，并深爱着她。

15　　　　　　　　　　　　　　　自己做陈麻婆豆腐

十五年前的春节,我随母亲坐火车从乌鲁木齐去成都老家。

母亲一开始是反对我改行做编辑并写作的。她很担心我其实写不出来什么于是贫穷落拓——而会计这个行业会安全很多。

既然我不回头,母亲索性带上我出门。她说,我要多给你说布尔津的故事,说四川的往事,你只要有东西写,总也不至于太艰难。

现在想起母亲天真而务实的言语,还会笑起来。只有自己的母亲是天下最亲、最无私的。

春节的成都下着雨,打湿了送仙桥。我蹲在桥边旧书市场买书。我们又去了武侯祠和草堂。草堂里的竹子很高、很多,仿佛杜甫家全是呼啦啦的风的声音。我举目望了望,仿佛没有看见黄四娘。

隆冬的茶花和冬青树,隆冬的淅沥沥雨水——我简直惊奇,这是北方没有的。

然而我最爱的还是归到了吃上——一家叫作陈麻婆的饭店,我们走进去。配着洁白的米饭,一盘柔嫩鲜辣、有碎肉末的豆腐,被我们吃得干干净净。

母亲的担忧，我暗暗的忧郁（这个春节后，我将离开原单位去北京）……但是，我们依然不辱"深入家乡"的使命，走在大路上啃甘蔗，夜里在舅舅家火红的炉灶边吃刚蒸熟的麻辣香肠，母亲给我说往事……

竟然需要漫长的十五年的光阴，我才可心平气和地自己在家做麻婆豆腐——非要可以坐下来了，才能做最爱的食物给自己吃——这是我的偏执，仿佛过去不配享有任何安逸。

不能是老豆腐，也不能是像蛋羹一样的日本豆腐，要用介于二者中间值的嫩豆腐。切小方块，淡盐开水焯十秒钟。

牛肉末加料酒炒熟，加一把切碎的青蒜苗，加姜末蒜末，加一小袋陈麻婆酱料，加生抽、糖、少许盐，翻炒均匀，下豆腐块，沿着锅边加入小半碗开水炖之。

炖五分钟即可。淋入水淀粉，轻轻翻炒；再淋一遍水淀粉，再翻炒。

起锅前加葱花，加花椒粉和辣椒面，再来点儿美人椒圈。

很好吃。

但是若母亲来做，花椒粉和辣椒面一定是自己炒熟后自己擀成面。母亲的耐心我总是学不会。这就是光阴的魅力了。

16   故土亲人酥肉白菜汤

❖

我的血液里在我最初形成的时候就被一种暗物质浸入。它是桀骜和悲情、深情和欢喜，还有动荡和跋涉、不安和安宁。

我父亲的上一辈亲人，从烟台坐船到大连，继续北上闯关东，在当时的"满洲"做药械生意。我母亲的伯父在清末作为川东子弟里的一名佼佼者，被送往法国留学，他从重庆登船去到上海，再从上海去到巴黎。后来，他成为军阀刘湘的一名副官。刘湘是抗日的军人，母亲的伯父追随着刘湘从四川到汉口，又到重庆。

我们一家五口在上世纪七十、八十、九十年代，孤零零地生活在布尔津，远离故土亲人。我们小的时候很是羡慕有爷爷奶奶的人家——我们姐妹三个不曾被老人抚触疼爱过。但是我们的心里有一种热切的思情，总仿佛在等待什么。

我父亲去世的前一个月，我们在沈阳的小姑姑坐飞机从沈阳到北京再到乌鲁木齐，风尘仆仆地赶来。那时她已经是一个小老太太了。

父亲从医院回家，吃小姑姑下厨做的饭。那是冬月，天气寒冷，小姑姑做的是酥肉炖白菜。

小姑姑返回沈阳后不久,父亲就去世了。他和他的小姐姐三十年没有见面,见到了只是微笑着,热泪盈盈,竟然没有说太多的话。

屋子里缭绕着酥肉炖白菜的香味,窗花半融,父亲艰难喘息,小姑姑吸着烟卷,时光凝滞。

胶东半岛的人做的酥肉和重庆的酥肉略有不同。前者的酥肉不放花椒,而且是回锅配汤用。重庆的酥肉重点是花椒,现做现炸,趁热干吃。

小姑姑做的酥肉在汤里很是温柔。我们在新疆的家里短暂地拥有了故土亲人的绵长、深情的爱。

17　　　　　　　　　　　大头菜是一种很安静的
　　　　　　　　　　　　　　食物

大头菜，用竹篓装，从遥远的四川运到布尔津的供销社。供销社长长的玻璃柜台，圆拱形的高窗，牛皮纸干果，酱、醋、胶靴、布匹的混杂气味，昏暗的光线，安静的、大堆的糖果和大卷的果丹皮，像梦境中的事物。

大头菜是一疙瘩一疙瘩的，呈暗青绿色，裹着艳红的辣椒面，切开来肉质紧实。腌制后再压榨过水分，很有嚼头，所以也叫榨菜。

那时候重庆属于四川。大头菜来自重庆的涪陵县。现在，涪陵是重庆的一个区。

我对涪陵的印象很好。因为那里有个师专，很多优秀的重庆儿女在涪陵师专读书——比如可亲可敬的冉冉。现在涪陵师专也改名了，叫长江师范学院吧。很多事物改了名，一个纯真的世代仿佛就永别了。

有一本外国人写的非虚构著作叫《江城》，写的就是涪陵。

在布尔津的岁月里，把大头菜用牛皮纸包好，放在自行车的前筐里带回家。和红豆腐乳一样，它是厨房一年四季任何时候都有的下饭配菜。

不用洗去大头菜上的辣椒面,直接放在菜板上切成细丝,淋一点儿芝麻油和花椒油。喝白米粥、玉米糊,吃汤面条,都来这么一小碟大头菜。红豆腐乳主要是早餐吃,抹在热腾腾的大白馒头上。

独属于汉人的这两样配菜都不大适合烤馕。馕是用来泡在羊肉汤或奶茶里的,刚烤出来的馕白口吃,很香很香,不需要任何配菜;凉的馕抹酥油或者果酱,酥脆可口,可以当作下午红茶的点心。

大约十年前,红梅在酉阳铜鼓乡上小学五年级,我们约在重庆见面,住在大礼堂右侧的小街上。那里有个很大的农贸市场,我和红梅在哗啦啦的秋天的大雨里打伞去逛。我买了山腊肉和涪陵大头菜。

红梅对我的口味很吃惊——这简直就是他们当地人的口味。我们遇见一家豆腐店,刚烧开的一大锅豆浆当街摆着,店主用一把水瓢给我们舀了半瓢,我和红梅站在街边慢慢地喝完滚烫的豆浆。我对重庆的感情就是在这些个记忆里养成的,我和它是有相连的一脉的。

把大头菜切成碎丁,裹在油饼里吃,再配一碗豆浆,很好。

馄饨的汤底一定要有大头菜丁、虾皮、紫菜、小葱。

我十五年前停薪留职去北京,在人民文学出版社做编辑,薪水微薄,我第一个月很多顿夜饭是冲奶粉、吃馒头,就着榨菜,低头看书。

为了方便食用大头菜,超市里普遍卖的都是真空包装的小袋细丝或者片,打开来咸湿一片,很不可爱。我依然喜欢去农贸市场寻找裹满鲜艳辣椒面的大疙瘩块。

大头菜是一种很安静的食物,像清晨和黄昏中我的祖辈和我。

18

雪里蕻森森的幽绿就像
一个很古老的朋友

❦

上个世纪七八十年代的新疆，九月初就穿毛衣了。腌雪里蕻的工程在八月中进行，这时候的井水还不会太冰手，太阳也还热烈，可以把洗净的雪里蕻上的井水利落地晒干。

我至今还记得家里那个大磨盘那么大的棕红色厚塑料盆，母亲就在这个盆里洗雪里蕻，井水打上来，哗地淹过鲜绿的菜叶，母亲的不大的手红彤彤的。这双手既能灵巧地计算尺寸裁剪衣裙，也能把家里不大的菜地侍弄得年年兴旺。

把晒去井水的雪里蕻从铁丝上收下来，用大粗盐层层抹上，让秋阳照耀。那时候做饭也用大粗盐，晶莹微蓝。

过几天，菜泄了气，它们是绿森森的样子，幽幽的，令人觉得生活的无穷滋味就是从这里来的。

从盐水里捞出来的雪里蕻，沥去多余的水分，再一层层码进涂了釉的小缸，上面压个大河卵石，盖上盖，放在厨房的小角落里。从缸沿注入水，把空气和腌菜隔离开。

整个冬天都得指望的咸菜刚捯饬完毕，秋风就萧瑟起来，树叶没几天就落得满大街、满森林、满河谷,厚厚的,整个县城都是树叶被踩过又被风搅起的哗啦声,我们真的是住在童话森林小屋里——当然,还有童话烟囱,那里面是无穷的爱意和温暖。

那时候,大雪十月就能来,天气预报成天说西伯利亚的冷空气怎么怎么了。我们的毛衣外面很快就得加小棉袄了,到了冬月、腊月就得穿棉猴和棉胶鞋,戴围脖、毛线帽子和棉手套了。

捞雪里蕻也得由母亲来做,她很注意手上不能有一点儿油花,筷子头上也不能有。捞过之后,把盖子盖正了,缸沿擦洗干净,换上新水。咸菜侍弄不好就会长白花,母亲会用洒白酒的方式抢救。

白米粥,刚出锅的炸油饼,一碟切得细碎加一撮葱花泼上热油的雪里蕻,这就是很来劲、很常有的早饭。所以母亲从来都很热爱新疆,她说,上世纪七十年代全国闹饥荒的时候,新疆的面粉和牛羊肉就没缺过,布尔津蚊子多、风大、冬天冷,可这又算什么呢?

有时候,我们小孩子自己在家蒸大白馒头,捞出来的雪里蕻是很长的一根,就那么就着馒头吃,有很香的麦面的香气,雪里蕻是脆的、鲜咸的,隐约有菜汁的清甜。吃到四月,大河解冻,冰河发出巨大的涌流声,咔咔嚓嚓一夜又一夜——春光来了。

武汉的生鲜超市里就有一盒一盒切好的雪里蕻,切雪里蕻是擦着刀沿的切法。我买一盒回家,看着它森森的幽绿就像一个很古老的朋友,事关家族的那种。我用热油炒干辣椒,爆出香味,投入雪里蕻同炒。一杯茯茶,一个热腾腾的馒头,一碟雪里蕻,平心静气。

19 重庆一人食之回锅肉

从前我在重庆安家落户,买屋收拾,家当齐备,为了这些个庞大而琐碎的事情,去重庆不下二十次。

每次都是一个人坐飞机抵达。第一次去正赶上元旦,算是新年的第一天。我住在渝中区龙湖天街的一家小宾馆里,因为是在这里办购房手续。

傍晚,我看见推着自行车卖蜡梅花的人。买花的都是大姑娘。重庆女孩子的美更在于娇憨,而不是大都市的骄纵气——这些总显得市井气和刻薄的自我多了些。而重庆女孩子的美其实来自她们心灵的爽直和教养,她们对人是极其有诚意的,并且热爱生活中的美和善,有细腻的情思,所以就是彻底的美了。

我看着蜡梅花被大姑娘抱在怀里回家去,就很羡慕。我那些年最大的愿望就是有一个自己的家,家里的地板上蹲着敞口青花大瓶,插着我去敝旧自行车那里买来的蜡梅花,然后我在芳香里窗帘低垂,走来走去,心里放着愿意回忆的事。

那个元旦的傍晚,我的银行卡空空,钱夹里多了一张购房的发票。而我的脸上是无限神往的表情,那么安宁——属于我自己的屋子就要到来了，蜡梅花的理想也可以实现了。然而心里还有些个空空——明日的早餐会有的吧，所以要努力做一个优秀出版人啊，并且身体要一直好好的。

一个人在重庆，其实不适合吃火锅——什么都想吃，酥肉、老米酒圆子、黑毛肚、肥牛、虾圆、牛骨髓，结果就是浪费。但是，重庆有非常适合一人食的饭菜——一份回锅肉、一份麻婆豆腐、一份西红柿煎蛋汤、一碗米饭，都是现炒现做的。街边很小的店，门前空地摆着桌子。或者可以来一份豆花、一份爆炒鸡杂。再简单一些，一碗糊辣壳老麻抄手或者一碗豌豆炸酱小面也是完美的。

那时，来了重庆总是钟情回锅肉，现在的口味反而愈发素淡了。我对回锅肉的情结，是因为母亲常常做这道菜。我的母亲是地道的成都人。很小的时候，我们就知道回锅肉三个字，还有郫县豆瓣四个字。我们布尔津是非常偏远的小县城，在祖国的最西北顶尖上，但是郫县豆瓣竟然在上世纪八十年代就能够抵达布尔津的供销社，这一点真是令我佩服。

母亲把用清水煮到五六成熟的五花肉切成大刀薄片，用青蒜、生姜、葱白、干红辣椒爆香，加黑豆豉、郫县豆瓣、老酱油、冰糖和父亲正在喝的奎屯大曲。那时候的酱油是固体的，要放在碗里化开。冰糖也是大块的淡黄色的，须用菜刀背砍下来一小块。母亲说，冰糖在油里炒化，能让肉片的颜色红亮。红亮二字真迷人啊。家里有一本《家常菜一百道》，里面常用到红亮啊、外酥里嫩啊这样的形容字眼。母亲说，加点儿白酒可以去肉的腥味，而且酒的香味能去腻。这样一碗红亮的菜，太适合下洁白的大米饭了。尤其是如我这样忧愁寂寥的旅人，坐在重庆老街边的马扎上，耳边全是川音，喝一碗琥珀色的老鹰茶，等着回锅肉出锅——仿佛这就是我活着的理想，而不是别的。

20　　　　　　　　　　　　　　　北平干炸丸子

从后海往鼓楼大街走的小街上，有个北平食府。不知道现在还在不在了。十多年前我请邰筐和刘明杰两家人在这里吃饭，夜里，我们在后海荷花池边悠闲散步，大家的面容很是清新，至今仍历历在目。

我很喜欢这家饭店的平实气质。里面有烤鸭、豌豆黄、炒红果、干炸丸子、爆肚、羊油渣麻豆腐。

我自己在家能做的也就是干炸丸子了。每年三九严寒天，大街上随处可见手推车卖荸荠的。我去超市买带肥的牛腩肉，和荸荠一起切小丁做丸子。

只有手切手剁的才好吃。抓入淀粉和面粉各一小把，投入大葱碎粒、姜碎粒、红葡萄酒、蛋清一个、生抽和盐、黑胡椒粉，顺时针大力搅，搅的时候用滴的方式加水——不用多，但必须要有，这样才能产生肉汁。

我用午休的时间做好这些准备工作。然后蒙上保鲜膜，让它们浑然入味。傍晚我回家，支上油锅就可以炸了。

左手的虎口出丸子，右手拿的铁汤匙接过滚圆的丸子下到热油里，一锅可以炸十二三个。有好几个冬天的暮色里,我一口气炸一百二十个丸子,真是昏天黑地。切肉、剁肉会令手生疼好多天。

大火、中火、小火,金黄色很重要。出锅后的丸子还要在滚油里再炸一遍,才是酥而挺拔的样子。

我系着围裙在锅台边吃下第一个热烫的牛肉丸子,这是最好吃的,外酥里嫩,咬开后飘出香气。凉了之后的丸子比较适合做汤。也可以热馒头的时候把四五个丸子装在小碗里,放在蒸笼里馏,有一种柔腻的感觉,很贴心。

牛肉丸子里,荸荠清脆的口感,大葱、生姜和胡椒的香味,让光秃秃的寒冬有了可以眷念的情愫。

我很久没一口气炸一百二十个丸子了。去年,是母亲替我做的丸子,还做了南瓜油饼。

我很盼望母亲能够来新家陪我过冬,然后把出锅的第一个丸子递给我——我喜欢这个时刻。

21 延续了一百年的热干面

一百年前,汉口大智门火车站由张之洞建成。此时的中国,辛亥革命即将到来,各路军阀混战,铁马冰河,马革裹寒骨。我仿佛看见老火车在腾腾白汽里轰轰奔跑,从这中国的最中心向着北京正阳门开去。那时清廷尚在,但即将飞灰。一声长鸣里,谁在静静站立。

车站在今日仍保留得完好,很高的圆拱形窗子散发着欧洲古典气息。这样的建筑在老汉口江边铺排着很多,我从它们恢宏的墙边走过,太老、太旧了,仿佛积了很厚的灰尘,里面蕴着深深的苦难流离,那是全世界人民的眼泪——一战、二战、辛亥、抗日、内战,在战争中习以为常的生死交错。

一百年前的汉口火车站,一个挑着面担的男子出现在夜的灯火中,在水汽腾腾里,给刚刚走下火车准备脚落汉口大地的旅人,下面。这个挑担下面的男子的儿子,在他老去的时候接过面担,也守着火车站辛苦劳作,养家糊口。这个儿子后来也有了儿子——就是我走进的这家面店的店主,面店叫长子热干面。店主告诉我,他是家里的长子,所以就叫长子热干面了。

暮色刚刚降下、夜色即将升起的时候,是一天最美的时光。也许是这个家族在忠实沿袭祖辈的做法——为那灯火里走来的旅人下面,所以他们的开店习惯是傍晚五点半正式营业,一直到第二天凌晨三点打烊。他们的面不是早点,而是夜饭和夜宵。

面店的位置就在大智路,这个家族一百年来未曾离开过大智门火车站。店主身量极高,有一双大眼睛,他对央视的记者说,不扩张店面,不开分店,我只把这个小店做好,来的都是老顾客,我要保持我的原汁原味。

我心想,他守住的是一百年前他爷爷的那副挑面担子、那一口锅、那一勺酱,还有披星戴月、寒霜冷雨,以及火车凄清的一声叫——一个人心里不贪婪,是多厉害的修行啊。

滚水焯一把面,沥干,浇上芝麻酱——原味,不掺杂任何香料。再撒上腌过的胡萝卜碎粒、小葱、盐。客人自己加油辣椒和醋。细如粉的辣椒面是从贵州采购来的,从来不变。店门口炖着酱汁牛肉,可以加一勺。仅此而已?仅此而已。

从前我住在车站路的时候,常常在夜色里踱步往大智路走,去吃这一碗面。我静默地品尝,油辣椒很辣,面很劲道,芝麻酱很香,佐料简单至极。但是面的魅力无穷大,小店门前空地和街对面的空地摆满了桌子,食客们到了不会喧嚷,只专注于品面——都是老食骨。如果有人要远走,会来这里认真吃一碗面——这是我亲眼所见,一个年轻的男孩子第二天要飞往美国求学。似乎每个来这里的人都和店主一样,都是怀着故事的人。

我也有我的故事。我会带我爱的人来这里吃一碗面,这是我的仪式。

我搬离这里之后，一年会有两三次坐公交车回来吃面。有一种千里访戴之感。还好，每次来，它都安好如往，门前的锅里水汽腾腾，滚烫的面正被捞出。长着铜铃大眼的男子一点儿也不见老，见了我们这些老食骨总是温和一笑，他用他的精气神守住了一个最沧桑的一百年。

22　　　　　　　　　　　　　　　　　蜜汁公主病

蜜汁大枣，枣心里塞糯米团，上锅蒸，出笼后浇上用蜂蜜、冰糖和桂花熬的蜜汁。蜜汁藕，蜜汁南瓜，蜜汁山药，蜜汁某某。

我喜欢加入蜜汁烹炒的牛舌。用干花椒、干辣椒、洋葱碎粒炝油锅，煮过二十分钟的牛舌片下锅翻炒，加两汤匙桔油或者梅酱，再加入料酒、盐，生抽沿着热锅边倒入，小火，有咬劲却又缜密细嫩的牛舌突然就着糖色而好看起来，并有浓郁而单纯的佐料汁液裹身，如果加了调味用的辣椒酱，味道就混杂了，不好。以手指取，滚烫食之，甜蜜、辣、略微的麻，有洋葱的香味，肉质则平甘。

蜜汁小排骨也好吃。排骨稍煮并飞水后煎金黄，至八分熟，如果刷油放入烤箱里烤至八分熟则更好。葱、姜、蒜、生抽炒香，投入已熟了大半的小排骨，加入蜜汁和盐，再来点儿白醋和番茄酱，撒一把白芝麻和香葱碎出锅。用这个菜的黏稠酱红汤汁下米饭很有滋味。

每个女子心里都怀有一个公主梦吧。爱吃蜜汁，用手指抓起来吃，舔舔指头，这是公主梦之一。之二则是：和男朋友闹别扭，然后心中有数，等着男朋友不离不弃地温柔相待，于是心里微笑并爱惜之。

23 深秋时节的热汤

人生三大美事：洗一个很透的蒸汽浴，睡一个很透的下午觉，喝两碗很透的热汤。于是满身、满脸胶原蛋白，趁着夕阳正旺盛，由小狗带路去园子里走走，走到芳草萋萋、桂树悠悠的地方，让桂花空气给皮肤来一个全毛孔的温柔 SPA，庭院里的路灯突然一盏一盏地亮了，在防腐木铺就的栈道上，我的小狗正在嗅闻喷泉……我应该有负罪感——这空虚、利己、浮华的城市人活法。

五十年前，故乡的老屋在父亲的手中一砖一木地建成。那是 1966 年，二十三岁的父亲在额尔齐斯河边或徘徊或独立——他是一个非常善良的人，喜欢微笑和拉二胡，一生不曾伤害过任何一个人，却没有想到命运其实是多劫而短促的。1972 年，母亲出现在老屋前。1973 年到 1978 年，我们三姐妹降生。2000 年，父亲离世。2017 年深秋，老屋被拆除。

我们曾经把无依无靠、清贫而简陋的日子过得那么繁丽，安心而热切。院子里的苹果树年年结出压枝头的果子，大丽花和格桑花有一人高，花朵像蝴蝶一样要飞走，月亮一轮轮照下来，星子总是铺天盖野、密密麻麻，几乎掀起瀚海微澜……如果人生能够没有悔恨，真想从头再写一遍……

家兄告诉我，悔恨是一剂好药——有了它，你才会深思，懂得人生果真是如此的繁丽啊。

如今，灵魂孱弱的我假装自己很优美，决定在深秋时节做一碗热汤，假装自己很充实。牛骨髓若干，带肉、带筋牛骨头若干，洗净后飞水。加半锅开水、姜三大片、若羌红枣三枚、枸杞一小撮、野生天麻一小块，同煮一小时。出锅时撒半个洋葱的碎粒。既然当营养汤喝，就不用加花椒或者黑胡椒。

天麻能安神，牛骨头能热身、补钙，牛骨髓润泽肌肤，红枣、枸杞养血补气。

24 　　　　　　　　　超大的柿子椒，
　　　　　　　　　人间的福气

　　小时候有肉厚而甜、很绿很绿、饱满如柿子的辣椒，就叫柿子椒。布尔津菜地出产，集市上有卖。柿子椒搁在自行车前面的车筐里，几乎是滚来滚去的，和西红柿们你靠着我、我靠着你。它们的质地很硬，有的比一个掌心还大，简直就是一个小西瓜。而今日的我却不知道去哪里才能买到这种椒。除非坐飞机、转火车、转汽车，来到布尔津的菜市场大门口，走进去，走到蔬菜的摊位上，然后就能伸出手拿起一个沉甸甸、光灿灿的柿子椒。

　　这种辣椒这样吃——切下来一角酱油（那时候都买固体酱油），盐花花的，加入开水搅和，就是液体酱油了；把柿子椒洗干净，囫囵个装在一个盘子里，大概能装三个吧，端上桌；取一个，掰开，用一片片的辣椒果肉蘸着液体酱油吃，白粒粒的辣椒芯也吃掉。

　　至今，我们姐妹三个只要遇见结实的青辣椒，就忍不住掰开，找酱油蘸。这就是我们的根子。

　　柿子椒炒菜不够来劲，因为它过于温和、过于清甜。炒菜用的辣椒要用螺丝椒——它的模样混不吝、够狠，一下油锅就爆炸开，就像额尔齐斯河河滩的巨辣狼烟。而且这种螺丝椒果肉不会那么厚,用太厚的辣椒炒菜容易水趴趴,带些韧性、干性的辣椒才适合油爆。螺丝椒在地头上稍微成熟些的时候就会打上沉沉的胭脂色,这样的更好吃,绝辣中带着丝儿丝儿的甜。搭配茄子炒,搭配西红柿和鸡蛋炒,搭配芹菜炒,搭配土豆丝炒,搭配苦瓜炒,尤其搭配羊肉炒过油肉,都很棒!

买辣椒真的是一件很讲究的事情啊。弱弱的、小小的、圆不圆、方不方、不辣也不甜、蔫巴着的辣椒,我称呼它为莫名其妙。它们令我抓耳挠腮。

我很久没有吃过爆炸出狼烟的螺丝椒了,也很久没有捧起一个超大的柿子椒放在唇边感受它的冰凉坚硬了。

如今,我的家里必备日本酱油。它是酿造的,讲究的,清醇的——父亲狂爱的柿子椒蘸固体酱油汤,如果换成日本酱油该有多好,这人间的福气……

25 论一把好刀的重要性

为了保证土豆丝根根如牙签那么细,而且手不会太累,那么请买一把好刀。双立人刀身薄所以轻便、刀刃稳准狠、从不起锈迹。我遇见过一个家庭主妇,她手中的菜刀厚重如一块原始钢板,刀刃常常就秃了,于是在瓷盘底刮擦几下,继续切菜。她用这把刀切出来的土豆丝简直就是土豆条。我每次去她家,宁愿跪在地上擦地也不愿意钻进厨房。我请她换刀,她十年不换,理由是——如果买了新的,旧的难道扔了?!于是,她早已放弃炒土豆丝这道美味了。其实我知道她是多么热爱土豆丝这道家传菜。哦,是的,这个固执的女子就是我的亲妹妹。

我不得不一面环保、节俭,一面又私底下偷偷地奢侈——奢侈要用在刀刃上——这句话终于在双立人这里成立了。炒菜的铁锅也必得是双立人的——纯钢,锅身厚,月光的白色,每日擦洗如新,让炒菜的心情好,走进厨房也养眼。我很怕遇见真正的家庭主妇捯饬出来的烟火厨房。总觉得那就是连带着人性也如坠深渊了。

磨刀不误砍柴工、万事俱备只欠东风,兴趣激励着我们动辄走入大菜场、走入厨房,最后悠然地坐到餐桌前。当亲手制作的美食被自己享用的那一刻到来时,瞬间感到很满足——生命多充实啊!活着真好!

所以,灶台要好,锅要好,刀要好,菜板要好,烧开水的电水壶要好,洗洁精要好,盛菜的瓷盘要好。不是说"好"就一定得是昂贵的、华丽的。"好"的意思是适当地追求一下质地和审美的品位。

两个人吃饭的话,一个中等大的土豆就够用了。削皮,切成薄片,薄片再改切成丝。把这堆柔软的丝放在一个小盆里,用清水泡之。大葱切点儿,熟透了甚至略略打蔫的红辣椒来两个。食材的准备就是这么简单。

在七成热的油锅里下五六粒花椒,炸出香味,花椒的香味很"漾",捞去。土豆丝从水里沥出下锅,细细翻炒,会略有粘锅,所以要用铲子使劲儿地炒,受热均匀后,顺着锅边倒些许酿造香醋、少许日本酱油,继续炒,加一小撮高邮的虾子,加盐,加红辣椒丝和大葱丝,小火细细翻炒,方才小盆里泡土豆丝的水,除去五分之三部分,剩下五分之二部分是淀粉水,倒入锅里,再细细翻炒。前前后后的要点无他,就是"细细翻炒",大约用去二十分钟。

我的生活账目是这样算过来的。我不养车,不应酬往来,不下饭馆,不买原价的衣物,从不脑子一热就去某地旅游,这样一年就能省下来三万块。我用这三万块不仅能够添置质地扎实的生活日用品,还能够每天去野草地给流浪的"毛孩子"送豆。生命长河中的某个暮晚,我在自设的音乐吧台上吃"绝代土豆丝",用热馒头蘸一下汤汁……我家小狗金宝说,哇,太好吃了,我今晚可以吃掉一整个馒头蘸汤呢。

至于那个固执地用厚钢板切菜的女子,我下次去莞城拜访她并为她烧制土豆丝,需提前网购一把刀。这个办法甚好。

26

我庄重地用一把银色汤匙舀金色的大柿子吃

还没到十一月,我就想要很大、很方的柿子了。我记得朝阳大街北侧那个王府的古老院子里有两三棵柿子树,很深的冬天里,梢顶还挂着七八个火红的柿子。那时候我二十八岁,租住在这个院子里,屋子是有露天穿廊的一排中的一个,廊上的卫生间冬天时暖气很热,院子里的流浪猫都爱在里面睡觉。住户把自家的破椅子搬进卫生间,请猫儿睡在椅子上,这样,人进进出出时它们也不用理会。太阳很好的时候,它们就到廊上溜达,或者去柿子树那边,那里有清代的很老、很高、很美的房子,绿色的琉璃瓦闪耀夺目,仿佛至今仍在我眼前闪耀似的。

妹妹到清华进修的那年来这个屋子看望我。夜里,她突然开始啪嗒啪嗒地流下很多的眼泪,而且是很安静的流法。她大约以为我在不到三十岁的时候就进入了死胡同,从此活不下来。我手足无措,只能微笑,坚持着微笑,就像后来的十年里,坚持着一种坚持——无论内心的凄惶如何来席卷我。

并不是吃到了又方又大的柿子,生命就是安泰的。除非那种乐观到没心没肺的人才会认为此刻即永恒。在那个十年里,我吃到的好吃的屈指可数，但我依然坚持相信：总有一天，我要坐在自己的屋檐下，猫儿们围绕我的膝，我庄重地用一把银色汤匙舀金色的大柿子吃。

我喜欢落着很厚糖霜的柿饼。我知道，西安回民街卖的柿饼最好。姐姐出差去那里，我说，你一定要记着给我买柿饼啊。她从西安直接来了汉口，柿饼摆在我的小桌子上，像是用红糖渍过，那么厚实、有韧劲儿，令人满意——就像姐姐专门为了送柿饼给我吃所以来了汉口，而送完了柿饼，她就可以坐飞机回新疆了。

一入冬，家里会有的果子：新疆的木纳格葡萄——白色、无核、个头大，很清甜的葡萄；新疆库尔勒香梨——要买母梨，吃法是竖着吃，一层一层地啃下去，就连着核也吃完了；河北的大方柿子——买回来的时候还是硬的，和苹果一起放一个星期，就可以用小碗盛着吃了，撕开一个豁口，用勺子像舀蜜那样吃。

里尔克说：好好地忍耐，不要沮丧。你想，如果春天要来，大地就使它一点一点地完成。

那个古老的院子叫作孚郡王府，最初是康熙皇帝第十三子怡亲王胤祥的宅子。1700 年前后，胤祥曾居住在此间。

27　　　　　　　　　　　抱着洋芋就像抱着生命

我们夜里不睡觉，打电话讲洋芋的事情。

是啊，它本来就是叫洋芋，这么柔软的词语！而"土豆"两个字，多么硬啊，像是从土里蹦出来的——就像豆荚晒得干巴巴后在秋老虎里蹦出来一样。

我们小时候，在北疆的大风里，听妈妈对爸爸说，去菜窖里拿几个大洋芋。我们立刻跟上，看爸爸用力推开压着石头的地窖盖板，踩着木头梯子下去了。那是一个一人高的深坑，他在里面摸摸索索，借着冬日惨淡的阳光，怀里抱着几个洋芋，踩着梯子上来啦，怀里还多出两个黄到很深于是很红、红到很深于是发紫了的胡萝卜。爸爸的棉袄冻得冰凉，但他也不怕，走路依然缓缓的，抱着洋芋就像抱着生命。那时候的人多么珍重所遇见的每一个小物件啊。现在的人，手和心都硬，拿过来，不多久就扔掉了，心里也没有一丝儿可惜。我也是其中一个这样的人吧。

我们夜里不睡觉，非要打电话说说白天的事。

诤友说：你看啊，这么一大锅面条，得两顿才能吃完。

我说：这有什么了不起，我今晚的一大锅牛骨头汤，可以吃三天……其实我每天在文字里风花雪月，都是假装的。

虽然那一锅面条，搭配他这么个大男人，看起来有点儿可怜兮兮，但是我依然鼓励他：有吃请的时候趁机多吃点儿有营养的哦，没吃请的时候就自己买菜做饭吧。

关键是后面说的话。我说：自己做菜真的是太便宜了。两块钱一个大洋芋，炒出来一大盘土豆丝，扎扎实实可以吃两顿。那么，同学你听好了——每一顿的土豆丝是多少钱？

是啊，一块钱一盘菜，可我们为什么要钻到小饭馆里来一份二十块钱的土豆丝拌面呢？而且总是面多菜少。

他态度坚定，认为按我这个账目一算，他更加要自己做饭。

我们互相都没有因看透对方其实是锱铢必较的而轻视对方——气氛当然更加欢快起来了。

放下电话，我醍醐灌顶似的发现自己变了。这几年养猫、养女儿、持家，给自己买心仪的书、围巾和舒适的鞋子，突然就把钱很放在眼睛里了。一块钱一个的茄子，两块钱一个的西红柿，四块钱两个的娃娃菜……最奢侈的莫过于每天早上六块钱一份的加肉丝热干面。

可之前的我并不是这样的。妈妈来汉口看望我，临走前的那个夜里同我喝茶，给我的切切叮嘱是：家门前大路朝右拐，再朝左拐，有个露天大菜场，一块钱可以买到最大的一个洋芋。她让我今后就去那里买菜，走那一段路就当晨练了。我喝着茶，搭配牛油果，一束白百合很矫情地装饰我的夜。我很吃惊地看着妈妈。我说：啊呀妈妈，如今的活法和你们从前不一样了，我怎么会为了几毛钱每天早晨钻到那样的菜场里去呢？

然而这一天，我发现自己终于还是回归了柔软的生活——抱着洋芋就像抱着生命。

中午，诤友用青辣椒炒土豆片，发图片给我看。我看见他的土豆片切得厚度大约是半厘米，辣椒切得规矩，酱色也成熟到位，就很喜欢。

28 原来，我很喜欢纸醉金迷

十年前的冬天，姐姐被一款新推出的蛋糕搞得大吃一惊。她给我形容：怎么可以啊，用纯纯的奶酪做的蛋糕，薄薄的一层面粉调的蛋糕底子，上面全部是厚厚的——芝士！

我回乌鲁木齐，她带我去美美百货旁边那家蛋糕店。我们坐在小店的简易餐椅上吃，靠着窗子——窗外是白雪覆盖的我的旧城——内心迷蒙。

芝士，嫩豆腐的口感，更丝滑、更细腻。享用这种蛋糕的人们，在我的眼里几乎就是纸醉金迷——我虽不是愤青，但亦是行走着的、比艾芜穿得整齐温暖些的人罢了。

原来，我很喜欢纸醉金迷——第二天，我带苗苗前来，再次吃纯芝士蛋糕。她那时候还是穿粉色羽绒服、系果绿色围巾、穿黑色圆头皮鞋的儿童。

又过了几年，姐姐又被一款新推出的蛋糕搞得大吃一惊。她在微信里给我形容：怎么可以啊，用完全新鲜的榴莲肉做的蛋糕，薄薄的一层面粉调的蛋糕底子，上面全是厚厚的——新鲜榴莲肉！

我亦被震惊了，并且遥遥地遐思了一下那蛋糕的样子和口味。纸醉金迷的人们啊!我的旧城,总是被薄薄的白雪覆盖——三岁的笑笑蹒跚着向我跑来,我蹲下来张开怀抱,拥住她。

二十年前,我们被打得蓬松的洁白鲜奶油蛋糕征服,一口一口慢慢地吃下去。一年只吃一次。若多吃几次,就不是梦想了——即使口袋里的钱足够买一块三角形的白奶油蛋糕。有一年和妹妹在重庆的地铁站里,她问我想不想吃奶油蛋糕。我点点头,就仿佛自己是七岁的儿童。她为我买了一块——她是懂我的——我们一起把它吃完了。那天,我们坐地铁到机场,在那里分开。这些年,我们三个姐妹总是这样,约好了在一个城市碰面,就像我们还是布尔津的小小少女,无牵无挂、无忧无虑,厮混好几天,然后在机场分开。

每一个心里住着少女的女子,都牢牢地希望着被人爱——沉默的任性,顽固的公主梦。那一年我生日,北京十月底的风可真大啊,冷透了,我的脸冻得又冰又红。我们去眉州饭店吃饭,要了一份四川的麻辣香肠,又要了两份东坡肉、两碗担担面。那个饭店东北角落小圆桌的位置,我们来了多少次呢。后来,他羞涩地递给我一个白水晶的手串——天然的,却几乎没有一丝瑕疵,说是来自东海,那就是龙宫喽。这个手串我后来配了一个赤金的圆珠子,光芒耀眼。

前一阵子见F君。他说,你想要一个什么礼物呢?我说,嗨,我的生日要到了,给我画我最爱的绿色菊花吧。

毫不客气啊。有顽固公主梦的女子一定很令旁人侧目并暗暗讨厌吧。F君交给我的画,我回到房间打开看,竟然是两幅——另一幅是杨梅,扬眉吐气之祝愿吧。

这个世界上有很好吃、很奢华的蛋糕,也有没有任何遗憾的精美艺术品——我所拥有的,真是比纸醉金迷,还过分。

29 家家都有家传菜

香菜洗干净,一大束,整棵放进冰箱冷冻。下一次做炖家常鱼的时候,放进去,浓郁的汤汁渐收,这时候的香菜就像干菜,滋味充足、有韧劲儿,真是好吃啊!

对吃食发出这样的赞叹,只在鱼汤里加香菜时才会有的啊。

炖鱼,鱼一定要大。很小的鱼也有好吃的——比如炸多春鱼,但是炖鱼,就得大鱼才好。因为鱼肚和鱼脊上肥腻的肉可以让人更充分地饕餮,而鱼肉也多汁味美,不会嫌单薄。鱼肚腹里的肥油和鱼泡在收拾的时候尽管留下,黑色的鱼血是绵软如鹅肝的,把它们炖透了,和鱼汤一起拌米饭吃,是最带劲的家里饭,令整个夜晚的餐桌香喷喷的。

炖鱼,我们是有家传的法子的——我们姐妹三个都会。不过,父亲没有机会教给我们——他十多年前去世了,他从未想过没有机会手把手地教我们怎样做出只有他才能做出的好味道的鱼。所以,母亲便在后来的这许多年里看似无意、却是刻意地传授我们做家传吃食的要诀——

要买鳊鱼来炖,鳊鱼不会有草鱼、鲤鱼、鲢鱼那样的土腥气。武昌鱼便是鳊鱼了,在城市里的大超市很容易就能买得到。很大的、收拾干净的一条武昌鱼要四十块多一点——并不会有家用超支的危险。这样的鱼买回来后,依然要再细细整理一遍。把腮边、腹部、脊背和尾部的残余细小鳞片慢慢去除干净,在身子两面切下去不深不浅的斜斜六道,然后放在小盆里控水,待水分沥干。这期间,我要切葱段、剥蒜,整粒的白生生的一个个蒜瓣,十来个就可以了。生姜切成大片,要六片。西红柿一个,切了放在小碗里。香菜一把,整棵地的冲洗干净,不切,放在一边。然后,我就可以安心地调酱汁了。倒小半碗醋,加生抽、蚝油、花椒五六粒、白糖一小勺、盐、干辣椒三五个,把那切好的葱段和整个的蒜粒们也搁入这碗酱汁里,这就好了。看客一定会说,料酒呢?你忘记了吧?不急,这不关料酒或黄酒的事情。

支起油锅,油不能太少也不能太多。至于多少全凭着感觉来。油冒出青烟的时候,就是一百度了,放三片姜片,然后把这一整条大鱼放进去煎,拽着鱼尾就可以操作了。姜片垫在鱼身子下,鱼皮便不会与锅直接接触——这是母亲煎鱼的秘诀。一面煎金黄了,便把另三片姜片贴到鱼身上,然后一只手用平铲、另一只手拽着鱼尾,把鱼翻转过去,那三片新的姜片便垫到锅底了。尽管放心地让大火持续,可以把锅斜着抬起来,让油落在鱼头或者鱼尾的地方,淋漓地煎透。等到整条鱼煎得如开花的馒头,便可以做一件大事了——那便是用二锅头或者别的高度数白酒对着鱼头和鱼尾浇下去,不要太多,一小杯即可。酒落到滚油里,香味猛地激出来,酒的冲劲也消散了。这时,把那一碗酱汁满当当地倾倒进锅里,酱油醋的香味也猛地激出来,就让它们热烈地在锅里炸响那么一会儿工夫,转身把预备好的开水倒进锅里,淹没鱼的身子即可。西红柿和整棵的香菜也迫不及待地下锅吧。让它们全部在锅里煮着,盖上锅盖,我便也解脱了。这就是炖了。炖两个小时。这段时间里,我可以慢慢地把厨房收拾得干净清亮,洗水果、泡茶,抱起三宝看窗外的风景,用淘米水浇花,燃一支檀香,让香气在屋子里散布开来——一个完全放松到慵懒的黄昏就到来了。

30

小日子里的
殷实

把切碎的香菜放在保鲜盒里速冻,下一次用的时候就很方便。这是殷实家的其中一个方法。

在乌鲁木齐家中的冰柜里,深秋天囫囵冻上三五十个饱满的西红柿,整个冬天做羊肉汤饭或者蛋花汤,就不用发愁了。这也是殷实的气象。用的时候略略化冻然后切碎,立刻下锅煮沸就可以了。味道十分鲜美,甚至比老人家自制的西红柿罐头还可口。

超市里有切碎的雪里蕻咸菜。买一盒回家,用清油、干辣椒、手切的肥瘦羊肉丁一起炒,晾凉,装进保鲜盒放在冰箱里。可以用它搭配早餐的热牛奶和馒头,或者夜饭皮蛋白粥。我觉得任何时候弯腰在厨房里弄简餐,都是殷实的、有依靠的。

熏肉和香肠也是弄简餐最好的搭档。熏肉很大一块,一次煮熟,全部切好,这样下次吃的时候就很方便了,不用再让案板和刀以及手沾满油腻。香肠也全部煮熟,冷冻。到了夜晚回到家中,恰逢那天没有买什么蔬菜,于是就开动脑筋弄饭——熏肉两片、香肠一根,放在蒸笼里热透;冲一碗麦片,切一个苹果和一块三角形的馕;给自己斟半杯红葡萄酒——多么殷实啊!

香肠必备两种口味,缺一不可——四川的麻辣味和广东的甜味。它们都有酒香,所以都好吃。打开冰箱,两种都有,才觉得家中殷实呢。

秋天,母亲买回很多大束的豇豆,整根地过一遍淡淡的盐开水,然后搭晒到院子里,让秋老虎的阳光和大风可劲儿地又晒又吹,令它们成干菜。把这些干豇豆收在一个透气的纸箱子里,放到柜子的高处。整个冬天,一个月一次的红烧肉是妥妥的没问题了。

有一年盛夏我回母亲家,刚好她的朋友来看望她。母亲的朋友也是七八十岁的老太太了,背着一个很大的双肩包进门来,里面是一包又一包冰冻的野菜——都是择好、洗干净,用开水焯过后速冻的。吃的时候取一包,化开后可以拌凉菜,或者切碎包饺子。母亲说,那一双肩包的冻野菜是摘了一尿素袋子的野菜做成的。野菜的名字是:椒蒿、蒲公英、马齿苋、荠菜。母亲的这个朋友是她们当年在布尔津一起劳动的姐妹,她们的友谊保持了一生。那天,我的心情淡淡的,却又是烈烈的,像一杯白酒,也像一场大风——

晚来天欲雪,能饮一杯无?

我欲与君对酌,到那白雪飘飘时候。家里一年四季殷实地拥有着:香菜碎、西红柿、辣炒雪里蕻、熏肉、香肠、干豇豆、野菜……

31 / 我宁愿买很贵的酱油和醋

❧

居家七件事——柴米油盐酱醋茶。如今，柴被煤气替代，不必操心；而其他六个，是可以把讲究的心思倾入其中的。小朋友吃半溏心的煮鸡蛋，轻轻敲开鸡蛋上部的壳，慢慢剥去一半，咬一口，热乎乎的。这时候，笑笑的奶奶就说，来，滴一点儿酱油。笑笑的娇宝宝样子立刻就浮现在眼前了——金红色的酱油渗入鹅黄色的蛋黄里，小朋友继续轻轻地咬下去。好酱油的味道是：你立刻知道它是酿造的，柔和、婉转、敦厚，味蕾上弥漫开低音鼓一般的甜、咸、鲜、香。就像一个真诚的人面对你，在心里和你说话，眼神畅和，汩汩如诉。

大音希声，贵人语迟。这是诤友对我的教育，也是好酱油对我的教育。市面上绝大多数酱油是勾兑的——它们像机器一样硬，如化学成分一样诡异，和坏的人心一样粗疏。它们是黑红如干酱的，是没有乐音的，是没有回味的，也是好大喜功的。所以，小饭店里的菜的颜色总是混沌，又因为化学成分在其中，所以吃了后容易口渴、心烦。

好酱油会与身心融合——随风潜入夜，润物细无声——连皮肤和眸子都亮起来了。好醋同理，一定要酿造的——即使是酸，它也酸得温柔敦厚、滋味浓郁，简直是酣畅了，甚至可以当酒喝。我从小就有去厨房喝一口醋的习惯，微微抿半口，落在舌上的醋如同欢畅的溪水，高唱着古老歌谣，令我心头一震、身体猛醒。而不好的醋——硬、寡、诡异，几乎冒烟的酸，那就是硫酸了。

蔬菜肉鱼蛋，要在好酱油和好醋里点染出滋味的氤氲感，这样的一次进餐才是祥和快意的。下一小束挂面，煮九成熟沥干在小碗里，加酿造的酱油和醋，加糖、盐、花椒油、辣椒油、白油，用香葱花、虾子拌和，就是一份极其鲜美的夜宵了。把三文鱼切成一点五厘米厚的长条，轻轻蘸取日本酱油、青芥，入口慢慢咀嚼，则是一年一次的节日了。

我宁愿买很贵的酱油和醋——这样的预算倾斜是必须的。它们令我的生活真实并愉快，有仪式感。

至于米、油、盐、茶，道理也是一样的。

偏执也是贪欲——我偏执地保持着家中油盐酱醋茶样样都要好，还要多；我每每把爱情看得多么重要，仿佛那是活着的全部要义——这也是贪欲吧。

32   我的冰箱里冷冻着上好的羊排和葡萄干，
         总觉得你要来了

我有甜蜜的果干，一起来做羊肉抓饭吧！真正会吃的人才会举手提出——要吃有果干的抓饭。

这个果干可不是来路令人转转眼珠子的果脯。啊，果脯，据说是把果子塞到大缸里，加各种甜蜜素和防腐剂制成的，果子被外来的糖分子和强酸充满，它的自身已经黯然杳然了，可怜的果脯！而果干则是全天候在清新空气中或者土坯的晾房里轻轻摇摆着变干了的纯天然小精灵，它依然是它自身，它比它从前的自己更甘甜、更扎实、更有咬劲、更有爱。

大个头深紫色或油绿色的无核葡萄干、无花果干各一大把，用清水清洗，略泡。羊肉则用羊小排，骨边肉才好吃。所以，地道的哈萨克人做的熏马肠里，除了有肥瘦块肉，还会塞入骨肋条肉。一块有骨、有骨髓、有软骨、有肥肉的羊肉，我们才会伸手去拿。如果你给我干巴巴净瘦的肉，我就摇摇头。

在新疆，吃羊肉和牛肉时，都必须马上切一盘生洋葱端上来，去膻味和油腻用。所以，抓饭里自然也会有洋葱。胡萝卜被热油翻炒后会散发出甜丝丝的香气，抓饭里也得有。配料准备好了，做抓饭其实很简单——

把大米浸泡半小时，泡米的水保留。

把羊排在开水里飞水后洗净，加水和花椒粒再煮十五分钟至半熟，羊排捞出、沥干，羊肉汤保留。

锅里底油稍微多点儿，这样，抓饭里的果干才会格外滋润，才好吃。先炒糖色，投入切好的洋葱在热油里爆炒出香味，加半熟的羊排，把它们在散发着葱油香味的糖油里炒至金黄（新疆有一种黑抓饭，是用洋葱爆炒的，几乎炒糊，用加工出来的发黑的油做抓饭）。你要观察羊排的表面略干，糖色和热油令它看起来十分诱人，加盐，盐要略多，因为要考虑后期还有大米的加入，这时候下切成条状的胡萝卜继续翻炒，炒到胡萝卜略略蔫巴下来，满锅的金黄耀眼——羊肉是金色的，胡萝卜是金色的，炸过的洋葱也是金色的。这就成功了一半了。

把方才的羊肉汤倒进锅里，盖上锅盖，小火焖煮十五分钟后，汤汁略收；把方才泡着的大米捞起，轻轻铺开在胡萝卜和羊肉上，尽量做到大米不要漏到下面去，泡大米的汤和大米是一比一的量，沿着锅边倒入；最后，把葡萄干和无花果干铺在大米上。

记住，干果不要过早加入到大米中，甜味和酸味过于外露，容易破坏抓饭的原始口感。而且倘若果干的果肉熟过了就会太软烂，口感不好。

盖上锅盖，大火，煮开后转小火，像焖米饭那样焖十五分钟。这期间，油分和香味充足地进到大米里，米粒颗颗饱满而油润。

做抓饭最好用厚底的钢锅。如果锅底太薄，就会在焖饭的过程中糊底。

配抓饭的小菜是用胡萝卜细丝和洋葱丝还有辣椒丝制作的凉拌菜。再来一碗酸奶、一碗芳香的玫瑰红茶。这是新疆人的日常吃法，讲究得很呢——但这一点儿也不令人惊奇，因为家家如是。

我的冰箱里冷冻着上好的羊排和大粒的紫葡萄干，每次打开看一眼，却舍不得动它们——总觉得你就要来了。

33　　　　　　　　　　　　　红烧肉，只烧肉

湖南人做菜的品相实在好，湖南女孩生得也格外白皙娟秀。所以我对湖南印象很好。

湖南女孩美在哪里呢？她们看起来情商很高，眼睛大大的，走路稳稳的，说话气定神闲，散发出三观很正的气息。其实，最美的是她们举手投足的可爱劲儿——湘女多情，说的就是她们的顽皮和天真、浪漫和勤恳吧。新疆在上世纪六十年代有八千湘女上天山屯垦戍边的动人往事。新疆人喜欢火热的辣，所以湘菜馆在新疆每一条街上都有一家，这不足为奇。川菜也辣，但相对于湘菜则显得不够精致，所以，湘菜馆是要比川菜馆高几个档次的。湘菜馆用的碗筷和墙上布置的画纸也很用心，乡土风味十足。

到了湘地，必品的菜是农家小炒肉和红烧肉。火宫殿的臭豆腐和糍粑只当是消夜闲食了。

如果在家里做红烧肉，还是按照湖南人的做法更理想。

首先要准备黄冰糖的碎屑。超市里卖大块冰糖的地方就有这些碎屑，买一些带回家做菜十分方便。

然后要准备葱、姜、蒜。葱要大葱的前半段；蒜要个头小一点儿的独头蒜，剥皮后切去蒂，整颗的要十来颗。

之后还要准备青蒜和美人蕉。这些是出锅前提味用的。

最后要准备干红辣椒、八角、桂皮。这些是佐料。

这就可以开制了。把五花肉切成三四公分的方块，太小了会失去真意，太大了则看起来有被油腻吓昏厥的危险。把这些方块用葱姜水焯一下——去腥是也，飞水，洗干净泡沫，沥干。

锅里倒入少量的油，六成热的时候下肉块，在煎黄的过程里喷些料酒，也是为了去腥。然后下冰糖碎屑，等冰糖热乎乎地融化后让肉块上糖色，切忌糖煳，否则汤汁会发苦。下葱、姜、蒜，顺着锅边倒入李锦记红烧酱油，加入少少的酿造醋提味，下干红辣椒、八角、桂皮、盐，翻炒均匀，倒入开水淹没肉块，盖上盖子，小火炖一个小时。

开锅见汤汁黏稠、肉色红亮。出锅前加入切碎的青蒜和美人椒圈，略炒一下，断生即可。

这就是一碗纯纯的红烧肉了。用一勺有鲜红美人椒圈和翠绿青蒜碎的汤汁拌米饭，实在是好吃得很呢。搭配什么喝的呢？金黄喷香的茉莉花茶吧——用白瓷茶壶泡茶，有怀旧感。

若想大快朵颐，则指向越单纯越好（美学理论）。

所以，我不会在红烧肉里加入干豇豆或者干板栗。

34　人间好活法，小炒肉配香米饭

提起小炒肉。也许你会说，那就是辣椒炒肉喽。这样的对话一来，我就有点儿不高兴了。人怎么总是自以为是啊，活得糊糊涂涂、粗粗疏疏的——首先，用肉把辣椒炒好其实很不易，因为现在的辣椒都是化肥催生的，再新鲜的辣椒一炒，就都觉得水趴趴而寡味了；其次，小炒肉虽然满眼只是辣椒和肉，但味道为何那样浓郁且适宜下热烫的香米饭？因为这是有讲究的。那种地头里野生生地长到秋天染了胭脂色的螺丝椒，摸上去皮肤皱皱的、韧韧的，最适合做小炒肉了。可惜，菜市场里卖的螺丝椒虽然是螺丝的样子，但是一下锅炒就冒出来一股生水的味道，刚到了断生的份儿上，它们却全部垮塌式的蔫巴了，像上一顿剩下的菜。那么，就索性用肉厚皮硬、全身赤红的长辣椒切成圈来炒——但是饭馆里的小炒肉都是绿色辣椒啊。所以，为了视觉上的菜品正宗，我依然用螺丝椒来做。锅烧热，不加油，辣椒斜切成两公分宽的段，下锅"火焙"。这是为了驱散它的生水气，用锅铲轻轻按压，辣椒被热烫的锅底烘焙出虎皮的颜色。将如此炮制好的辣椒盛出，待用。把五花肉切薄片，用酿造酱油、蚝油、料酒腌十分钟。用葱、姜、蒜把热油炒香，下肉片，炒至肉片金黄、略收缩、显得干，加豆豉和日本红味噌料半勺，这是两个很关键的配料哦。不用再加酱油和料酒了，因为豆豉和味噌里已经有很充足的酱色和酒香了。再加少许酿造醋和糖，这两样调料是我每每为了提味才用到的健康武器。我拒绝味精和鸡精——这样可以显得我是女知识分子一族。然后，下方才用火焙过的虎皮螺丝椒。大火伺候、快速翻炒，不宜久炒，以免炒过头了像剩菜。

最后一步也很重要，把美人椒圈一大把抓起、撒入锅——一定要切得薄薄的啊，如小小飞轮。之后，略微翻炒，这道菜品就可以迅速出锅了——服服帖帖、红红绿绿、肉色金黄、味道香美。

在东北大米里加入一把泰国香米，用松下电饭煲蒸熟，用日本青花瓷碗盛洁白热烫的米饭。吃一口米饭，用筷头上有两朵樱花的褐色铁木筷子夹起豆豉味道浓郁、带着暗暗的甜的小炒肉送入口中——我不知道人间还有比这更好的活法吗？顿顿都下饭馆或者叫外卖的人活得多么可怜啊，而且浪费钱。我把这些做菜的心得写在纸上，女儿们就会把这本书当菜谱一样搁在冰箱上面，她们在暮晚里翻看菜谱做饭的样子会有多么从容和美啊！我爱你们。

叁 辨爱

1 / 传奇

在韩国电影《自由之丘》中,同住一家客栈的韩国男子问远道而来的日本男子:你来这里做什么?

日本男子回答:找一个人。

——女朋友?

——不是……是我尊敬的一个女人……我想娶她。

一个女人的传奇一生、回肠荡气一世,也就在这个对话里了吧。

2 分清爱和妄念

爱,是两个人的创造。如果只是一个人对另一个人的追逐,不能称之为爱,只能说是"去爱者"和"被爱了的人"。如若有一天,两人相知相惜,爱,这个家伙,才真正登台。

令人喜欢的,究竟还是那一见钟情、两情相悦,两人的心里都缓缓生出摇曳的一朵小花来。还有那更令人惊叹的,叫作棋逢对手。这样的奇遇,当是旷世之恋了。前者是恩爱,后者则是绝恋。

然而,我们常常混淆了爱的概念。我们会说:我为爱而伤心欲绝。"我为爱"三个字就已有谬了。单方面的喜欢——是趔趄的、委屈的、痴狂的,是前倾索要却无人接应的姿势,怎么可以说是爱呢?那只是一种不合时宜、不要自尊的——妄念。

当妄念一直继续下去,会否天上神光一现,有神仙前来助力而终成眷属呢——沈从文对张兆和的爱,接受者最终委委屈屈地服从了这奇怪的姻缘之线,但仿佛也并非就是透彻的幸福。

透彻的幸福——透彻即相知。沈从文去世后,张兆和整理他的遗稿,才说:从文同我相处,这一生,究竟是幸福还是不幸?得不到回答。我不理解他，不完全理解他。后来逐渐有了些理解，但是，真正懂得他的为人，懂得他一生承受的重压，是在整理编选他遗稿的现在……

后人如此评说：在这份不对称的爱中，她不是不爱他，只是并不完全懂他；可他，又何曾真正懂过她呢？

2005 年，在北京的一个家庭教会里听见一个女子这样说世人的爱的苦恼：夏娃们常常忽略对自身灵魂真正意愿的探索，而迫不及待地把自己这根肋骨放入一个物质意愿和表象意愿还有基因意愿吻合的亚当的胸膛里。日久天长，物质和表象和基因的价值很轻易地磨损掉了，而灵魂的意愿没有得到满足和解决，于是，"并不匹配"这个本质问题就暴露无遗了。反向的亚当亦然。

这就是婚姻中痛苦的来源和根底。

油盐酱醋男女，渐渐认为人世间的爱情乃虚幻，不如以安分守己的姿态、不妨心灵更麻木些，走下去，漫漫人生路。灵魂的探索，这五个字是"神马"意思，那都是"浮云"。

但是，敏感的人的痛苦就会深重——那两情相悦，那棋逢对手，那七彩祥云的传说。

所以，在年轻的时候，要学会等待。要在少年时代就懂得并培养自己的事业理想，着手做热爱的事情，在钻研和不断取得成绩的喜悦中，守住一个认真的梦想；在专注于认真事理的徜徉中，摒弃鄙俗和轻浮，并守护尊严，不给妄念的产生和产生妄念的来者以机会——真正灵魂匹配的伴侣，才会款款而至。

沈从文给张兆和的第一封情书：不知道为什么，我忽然爱上了你。

但纵观他的爱情和婚姻的过程和结果，那样激烈的情感，竟然也只是一个多情的文人的妄念。

棋逢对手之恋——萨特和波伏娃，贾宝玉和林黛玉，杜月笙和孟小冬，荷西和三毛。

3

真正的友爱
略带苍凉

❦

有分别心的爱,比如只爱自己的孩子、爱对自己现在和未来有用处的人而不爱旁的人,尤其是不爱弱小者和弱小的动物(所有的动物在这个世界里都是弱小而悲凉的)——这样的人的爱和友好,是偏颇狭隘的,亦是极其自私和狡黠的。

所以,要学会辨识打着友谊旗帜的到来者。宁愿不接受此种功利的友好和靠近、宁愿要那真心的指责,也不要期待你们之间可以孕育出伟大的友情。

接受此种为了开拓利益的途径而前来示好的人,内心有多么糊涂、虚荣和寂寞呢?这种交往只不过是白白地浪费生命,虚幻的推杯换盏、推心置腹甚至是花前月下,而眼睛里却闪烁着社交达人才具有的表演性质的激情之光——多么可悲啊。

真正的友爱是温润、内敛和沉默的,甚至是略带苍凉的。来了?来了……走吧,再见。仅此而已,却不厌其烦、不嫌其单调,每年总要见几次的,能见到就是最愉快的。喝茶,这个点心好吃。这本书很好,带给你。这个是专为你挑选的,知道你一定喜欢……

分别的时候心中有不舍,但又很安然,有一种踏实感。

这就是没有分别心的爱,它顺应心灵的喜欢和忠诚,而不是为功利所指挥,去靠近那本不是灵魂具有致命吸引力的人。

那种社交达人的友情,是喧嚷的、浓墨重彩的、善于起誓的、眼神空荡的、内心游走的,是某天一个转身谁也不会再想起谁的(一旦利益的纽带断裂)。他们轻易就会有下一个因功利目的而建立起来的"友谊"——业内人称呼为伟大的"布局"。

观察一个国家的文明程度,只需看他们对待流浪动物和流浪者的态度和举措。同理,观察一个人怀着的爱是否纯粹和有大义,只需观察他(她)对待弱势群体的态度。这样去洞若观火有些残忍,但是我们也分明看见有些人一面堆满笑容地用中国式礼仪款待着"知己",一面对一个二十岁出头的服务员呼来喝去并暗骂出"驴脑袋"这样的字眼。此时,我们内心的信任是垮塌的。

只要我们不糊涂,不虚荣,不自以为是,不寂寞得发慌,那么一定能够有定力远离那些打着爱的名义靠近我们的人——这是人生中的幸事——并且也绝不如此这般靠近别人。

4   体面的退路

十九世纪初期的英国女作家简·奥斯汀擅长书写中产阶级绅士和淑女的感情旅程,被誉为第一个现实地描绘日常平凡生活中平凡人物的小说家。她一生的文学创作致力于探索青年女主角从恋爱到结婚中自我发现的过程,独到睿智的目光犀利地揭示人性中的弱点。

她的名言之一:大凡家境不好而又受过相当教育的青年女子,总是把结婚当作仅有的一条体面的退路。尽管结婚并不一定会教人幸福,但总算给她自己安排了一个最可靠的储藏室,日后可以不致挨冻受饿。

即使现实的困境如此令人气馁,甚至妥协,奥斯汀仍然不忘让主人公在苦苦挣扎和徘徊中努力辨识清楚来者的真实面目。

在长篇小说《劝导》中,安妮对埃利奥特先生的印象:

埃利奥特先生谙熟世故,谈吐谨慎,举止文雅,但是并不坦率。他对别人的优缺点从来没有激动过,从来没有表示过强烈的喜怒。

这在安妮看来,显然是个缺陷。她早先的印象是无法补救的。她最珍视真诚、坦率而又热切的性格。她依然迷恋热情洋溢的人。她觉得,有些人虽然有时样子漫不经心、说起话来有些轻率,但是却比那些思想从不溜号、舌头从不失误的人更加真诚可信。

埃利奥特先生对谁都过于谦和。安妮父亲的屋里有各种脾性的人,他却能个个讨好。他对谁都过于容忍,受到所有人的偏爱……

这段描述的意思是:安妮认为正直而可爱的男子应该具备两个最起码的特点——一是真实,二是热情。

而思想从不溜号、舌头从无失误、讨好每一个人的人,的确不可信,甚至是可鄙的。因为这样的人世故、造作,且虚伪。

埃利奥特先生深藏的本质,在史密斯夫人那里得到了印证。史密斯夫人告诉安妮:

我认为应该让你了解一下埃利奥特先生的真实品格。虽然我完全相信你现在丝毫无心接受他的求爱,但很难说会出现什么情况。你说不定有朝一日会改变对他的感情。因此,现在趁你不带偏见的时候,你还是听听事实。埃利奥特先生是个没有情感、没有良心的男人,是个谨小慎微、诡计多端、残酷无情的家伙,他光会替自己打算。他为了自己的利益或舒适,只要不危及自己的整个声誉,什么冷酷无情的事情、什么背信弃义的勾当,他都干得出来。他对别人没有感情。对于那些因他而毁灭的人,他可以毫不理睬、一脚踢开,而且丝毫不受良心的责备。他完全没有什么正义感和同情心。唉！他的心是黑的，既虚伪又狠毒……

所以，即使"总是把结婚当作仅有的一条体面的退路"的"大凡家境不好而又受过相当教育的青年女子"，秉持的遴选原则依然应该是——擦亮眼睛，看清来者。

正如在《劝导》里，安妮最终放弃了伪君子堂兄的求婚。

在奥斯汀生活的时代——处于十八世纪末、十九世纪初的女人，要想有钱，出路只有：或者是得到一笔遗产，或者是嫁给有钱的丈夫。对于不能从事任何职业自谋生路的女子来说，危险的婚姻也被视为比独身好。从而，绝大多数的女性选择了为生活、为钱、为财产而结婚。简·奥斯汀正是因为有一颗与当时女性不同的倔强的心，才使得她拒绝为钱财而结婚，终生未嫁。

她无法改变自己的信条：婚姻只能是为爱情而结合的婚姻。

在二十一世纪的今天，现代生活里的男权主义色彩渐淡，大多数女性有机会在"文明的教育"中成长为如简·奥斯汀那般睿智和犀利的女性。

阶级、前途、金钱的诱惑所建立的软弱窠臼，理应在真实的心灵对爱情的呼唤和需求中瓦解——心灵相通才是命运的馈赠。

5 谨慎对待身体

中国家庭对孩子教育的缺失内容：

上世纪七八十年代、八九十年代，保护、预防并及时治疗牙齿病灶，几乎不可能有条件在全民中普及。缺乏护齿意识并不是缺少关爱所致，这和居民家庭经济状况长期窘困有关。

上世纪九十年代、新世纪，性教育无论在学校还是在家庭，几乎都是空白。社会公益性讲座宣传离孩子们太远，性话题中最严峻的问题是艾滋病传播的飞速增长。

到2000年，中国已经没有被艾滋病遗漏的省份了；年轻男性感染呈上升趋势，校园为重灾区；退休老人因耐不住寂寞而成为新的感染主要人群；西藏、青海、内蒙古为轻感染区，河南、广西、云南、新疆为重感染区；中国感染艾滋病病毒人数已破百万，目前存活八十五万，发现的只有四万多例，也就是说，95％的传染源根本就不知道在哪里；全世界的艾滋病感染人数破四千万；印度已经取代南非，成为艾滋病感染人数最多的国家（数据来自舆情）……

早年，艾滋病在中国的传播方式主要是吸毒和血液（卖血）；近十年则以性传播为主。而广大青年在本应洁白无瑕的象牙塔——大学校园里,懵然不知"猛虎"已蹲伏多时了。

在性传播中,同性恋——尤其是"男男"同性恋者——成为艾滋病的传染生力军,而双性恋者则会将艾滋病病毒传播至更广的领域。

预防和控制艾滋病的唯一途径:洁身自好。

虽然大学校园里的自由恋爱"感天动地",但一个有着良好而善意的爱情观和性爱观的人——无论是男性还是女性,都会在真正的爱情面前,选择谨慎对待身体。

有婚前性行为的女孩子,真正进入婚姻生活后,会比较不快乐。因为男人会认为有过婚前性行为的女孩子婚后会对自己不够忠诚,认为她们不值得自己信任——虽然男性经常以爱的名义要求女性在婚前与之发生性行为。

爱情和婚姻亦是信仰。忠实、贤良、坚贞、善良、无私,这些美德是令一份感情持久永固的重要因素。不能够洁身自好的两性关系,其结局要么是戛然而止,要么是在苟延残喘的"爱情"中组建了家庭并生子,但依然不能够相濡以沫到终老。

当欲望的猛兽冲出牢笼,所考验的人性将绽放出"恶之花"——双方在感官放纵的享受后,彼此失去敬意。这就是人性中幽微的触觉,谁也无法扭转——我们确实必须遵循造物主埋压在我们灵魂深处的"觉醒",它是载舟和覆舟者。

我身边有个例子,一个"90后"女孩子和她的同属"90后"的男朋友,自相识相恋之后共同考取雅思,去往美国读硕士,并在美国读书期间结婚。婚前无性行为的他们收获了丰实的学业和纯美的爱情果子。因为坚贞的品质为对方亲历亲证,所以更加珍爱。相濡以沫在他们这里几乎不会是童话。

这两个孩子均出生在有良好教养的家庭中。也就是说，品德良好、善于学习并关注时事的父亲母亲在孩子少年和青年时代谆谆的教导，终使他们日后的人生平稳安全，收获幸福。

新的一代身心健康地长大，并有能力给自己也给别人带去关爱和幸福——家长的教育是核心来源。

6 善而无聊

虽然不做女权主义者,但应该做女性主义者,并因为爱己之心的培养和智慧的强大而迅速判断出男性言语中反映出的内心的"渣":

(1)哦,忘带钱包了,我得买点药,请给我两百块。(《大姨妈的后现代爱情》里周润发扮演的渣男语,斯琴高娃扮演的大姨妈一脸懵懂后掏出两百块。之后则是一个更大的骗局的布置。其实,大姨妈当时应该立即说:我和你很熟吗?)

(2)中年以后我肯定是要大发的,我算过命的,五个大师都这么说,公司上市指日可待……那么,这几年最难的时期你能多付出些吗?将来我会把成捆成捆的钞票交给你保管。(一个后来终于成为赤贫的投机生意者对一个女子的许诺。这个女子正是男性眼中"缺乏大义和担当的女子",她浅尝辄止地逃离了这段泣鬼神之恋,之后听说渣男破产。)

(3)往上走一步太难,那得打点!打点!打点!我就这么点儿工资。(于是,多年前我认识的一个女子去银行提款,交给这个相亲得来的男子。结果不祥——祥瑞的"祥"。)

(4)"90后"、硕士,否则老子碰都不会碰。(我在开往中原的高铁上偶然侧耳所听。这个弹着烟灰、面色口齿焦黄的半老男人，没有想过他所指向的"90后"硕士女生的父亲——他的同龄人，拳头硬不硬。）

（5）如果谈得来，彼此喜欢，对方又生得美，不妨做一把，下床后继续喝拉菲葡萄酒聊天。（某小说里男主人公的性爱观，也叫友谊观。）

（6）看女人的美啊，要看脚踝，对，脚踝，只有细瘦伶仃的脚踝才最美。（某美食家剔着牙所言。）

（7）要是有了孩子，就生下来！（一定是气壮山河的语气）……到我老家的乡下躲个一年半载，孩子也就长大了。（某小说里一个已婚男对某女所言。）

（8）我有信心和你的母亲做好朋友，要知道她那么孤独，何尝不想有个儿子来陪她说话……那么，结婚的时候她大约肯给我们多些资助。（一个求婚成功的男子的"未酬壮志"，不小心与未婚妻分享了一把，于是未婚妻就与他无干了。）

（9）你竟然有糖尿病？？？我真是倒霉透了。（一个新婚男对妻子语。）

（10）赚多少钱做多少事！！！你那点儿工资自然要把家务全做了。（另一个新婚男对妻子语。同上，均以离婚告终。）

（11）我除了爱上个牌桌，又不偷又不嫖，你就知足吧。（某乡下文艺女青年的丈夫傲娇之言。并将家中最后的两千块揣入怀中扬长而去。）

（12）酒逢知己千杯少，今天我们都破例，多喝，多喝，多喝。（普天下女子都要提防劝酒的男人。也应该回问他一句：我和你很熟吗？）

（13）我和我太太……哎呀，真不好意思说出口……我和我太太……很久都不在一起了。（某小说里的片花。也应该回问他一句：我和你很熟吗？）

（14）第一眼我就想，这个女人是我的，我的！我的！（说这句话的男性并不知道，很多渣男都善于使用这句豪迈的话。于是几乎可以笑场了。）

（15）无论你怎样，我永远在这里。（这句话套路最深，令智慧的女子也不由得抓耳挠腮啊。）

以上文字并不为攻击男性，只为天下善而无聊的女性一叹。

7 拥有拒绝的能力

❦

上神对西西弗斯的惩罚：把滚落下山的石头推上去，再滚再推。

人间对糊涂择偶的女性的惩罚：一日一日捡拾"亲密爱人"任意搁置的物品，归位，再错乱，再归位。人生的百分之三十的精力用在这些"下山的石头"上。如果有了孩子，再百分之三十给孩子、百分之三十给工作，剩下百分之十用于自身。所以，女性被冠以"伟大"二字。但女性极其容易在奉献中失去自我，几乎成为一个麻木愚钝的家务机器人。如果把第一个百分之三十——用于照顾那个成年男子的精力——还给自己，那么一个女人就不会是残损甚至是破落的。

一个男子在早上的电话里隐约表达了求婚的意愿，中午来女子的公寓拜访，相处了几乎一个下午。到了夜里，女子决意拒绝这个求婚者——

男子这是第一次登门。他进门后，把外套随手扔在了一张暂且不用的大方桌上，包则丢在了餐边柜上，鞋子一前一后地歪倒在门口，袜子脱在一边。他打开啤酒，点燃香烟，烟头扔在打开的啤酒罐里,也顺手扔到盆景的花盆里;第二听啤酒喝了一半,随手推到一边。男子吞云吐雾、吃饱喝足离开后,女子注视着花盆里的烟头和半罐啤酒,回想刚才外套、包和鞋子对这个公寓的冲击力,或曰打击力⋯⋯

他们白天里交谈的内容:为什么男子会和前任女友分手。男子说,她常常就不帮我洗衬衣。

现在,这个其实是贤妻良母人格的女子,并不打算做接盘侠。

没有任何人有义务从零开始,培养或者敦促一个成年人突然开始养成良好的生活习惯。如果生活在一起,一方会指责另一方邋遢,而另一方会回击这一方自私。这已经不是磨合了,而是两个糊涂人的组合。

且最残酷的真相是,一个人的生活方式——或风雅或鄙俗、或粗放或精致、或正直或虚伪、或豁达或自私,是有基因埋藏在家族血脉遗传里的。除非你上溯三代,去纠正?

自童年时代就开启了对"生活艺术、道德之美"的追求,加之少年和青年时代对理想职业的合理定位,并持之以恒得以实现的女性,被称为时代女性。她们自信、从容、勤奋、亲善、理性,具有强大的独立性,几乎完全可以不用在成年后仓皇以婚姻为最后的奔逃地,草率进入。

所以,这样的女性还拥有一个美德:从来都懂得拒绝——是以智慧辨识人从而爱护自身的最重要的素养之一。

我们要爱人如爱己。这是谁的教导?

只有我们先懂得了自己并珍重自我,才能收获一份沉甸甸的爱情。而不是任意被男性物化,继而在被物化的过程中接受西西弗斯式的惩罚。

为什么？因为被拒绝的男子完全想不明白他为什么会只经历了一个下午的相处就被拒绝了。

是因为我没有给你送花？楼下没有花店啊。男子狡辩道。

女子心想，对，没有送花也是原因之一。无视礼节，直奔求婚的主题——何其随便和猥琐。

8 源头之爱

　　人在幼年和童年的时候，除了得到母亲的慈爱，还应该得到父亲尽可能多的重视和倾心的爱——刚性之爱。少年时代是建设友谊之爱，青年时代是爱慕欣赏之爱，中年时期则是知己的肯定之爱。从幼年到老年，亲情之爱纵贯一生。

　　一个人爱的悲剧，总可以从童年甚至幼年里找到源头——爱的需求没有得到充分满足的人，会飞蛾扑火般地到爱情和友情中以"榨取"的姿态索要。所以，即使是非常清贫的人家，如若懂得精神之爱的满足是不局限于物质的贫瘠这个道理，便会自信地将心灵的爱尽可能多地赋予孩子，为他们日后成长为健全人格的人奠定坚实的基础。

　　爱没有得到充分的满足、情绪易于失控的人，一面有可能成为伟大超群的艺术家，因为他们善于发现爱、向往爱、懂得爱、珍惜爱，如凡·高；一面即使成为著名的艺术家，也会深陷怨恨和压榨他人之爱的小格局，时时露出并不美丽的灰色的尾巴来（如某位作家获得大奖后，每每讲述的回忆都是童年时代如何受人欺凌）——怎么能够成为那个合格地把宝石般的灵魂光芒挥洒到人间的使者呢？

费雯·丽自小在修道院里长大，院长怕她孤独，送给她一只猫每晚陪伴她入睡，从青年到中年时代，躁郁症一直在折磨费雯·丽，并让她失去心爱的人，最后她几乎是孤独地死去。茨维塔耶娃焦躁的爱，吓退了无数一开始欣赏她的才华的男性。对比之下，阿赫玛托娃略显冰凉的面庞，则更觉其冷静的爱有逻辑性并可靠——即使也孤绝到激烈。萧红潦倒的一场又一场的爱恋，总是失望和伤心大于那萤火微光般的欢愉。

爱的尊严的骨骼，当是在幼年和童年时代，由父亲和母亲尽其所能所给予的"钙质"形成的。一个人的软肋，常常就是这样要追溯到遥远的、他（她）所无力对自身的建设做点儿什么的岁月里。而父母——即强者——张开的怀抱、臂膀的力量、心脏的健康跳动、灵魂的美、呼吸的清洁、目光的自信，是多么重要——他们是上帝派来的引领者。

那些灵魂的落魄者、乞讨者、荒凉者、心悸者、疯癫者……与他们相比，卖火柴的小女孩都淡定得多——她划亮一根又一根的火柴，在光芒里看见亲爱的奶奶——那给予她幼年里笃实的爱的人。

对于心灵的黑洞，成年之后，除了自救，则需要更大、更无私的外来的爱来补缀。所以，一定要珍惜所遇见的宽厚之人，因为他用耐心和持恒，搀扶着昨日的伤员——爱，从来不会有迟到之说。所幸的是，费雯·丽和萧红，在生命最后的时光里都遇见了这样的有耐心之人。他们懂得并陪伴这个成年的女子——其实她们的内心是大哭的小孩。这终究令人宽慰。

9   胡错

❦

每每在别人的文字里看见"胡兰成"三个字,心里会咯噔一下;看见"张爱玲"三个字,心里有温泉流过。

想必胡兰成在成熟的看客心里只是客观地存在着,看客们不会去主观褒贬。男人自有他们的立场气节、宽宥包涵。由女性立场出发评判胡,立刻就有偏颇狭隘的嫌疑了。

说胡兰成,从"岁月静好,现世安稳"说起。这八个字,世人皆知是在胡与张的婚约上,胡起的誓言。张的则是"签订终身,结为夫妇"。张本就是一个平朴的人。她从繁华的源头走来,如巫山朝云落到人间,化身为宓妃,最后落入水里,化身为洛神,越发地不攒金绣凤。她死在美国的小公寓里,没有桌子,生前只伏在一个旧纸箱上写作。她用大个儿的玻璃杯喝红茶,喜滋滋地一个人儿满面红润。这是张的可爱底子。所以会有与好人赖雅相遇、相守的正途在前方等她。

《今生今世》一书里写张的笔墨有一个章节,节名叫民国女子,而非"我的妻"那样用去三十八个页码,占全书的十分之一。此章节前的胡是现世里不安稳的胡,此章节后的胡是亡命的胡,此生的胡是作为荡子的胡。胡说,世间的女子都是想要嫁给一个荡子的。这话类似于"男人要坏,女人才爱"。这样的悖论不知道害去多少二八好年华的春风洁净女子。而胡的七妻八妾、"我必逃得过汉奸斩"的沾沾自喜是一生一世的,竟然不曾悔改。

胡在汉口与护士小周相好,及至与斯家姨太太范秀美去义乌乡下躲避清除汉奸风潮,与秀美亦结为夫妻。张寻至乡下,见到的是满心不悦、粗声粗气责难她的夫君。胡已改名为张嘉仪,并非用他们曾经约定的若分离就起名为张牵或张招,意为爱玲时刻可以牵念得着的人。胡坦荡写下:二月里爱玲到温州,我心下一惊,即刻不喜,甚至没有感激。胡对于世间人事常常就是这样突然喜欢了、又突然不喜欢了。这里面的尺度是"永结无情契"式样的。李义山当年在巴山的夜雨里给妻子王氏写信:回去后坐在西窗下剪着红烛芯给你说一说这里的事情哦。所以,即使义山一生颠沛流离不得志,王氏却是一个幸福的妻。能够给一个女人幸福安宁乡的男人,善良是第一品质。来者不善!胡怀着才华和如毒蜜的美言狡狡而来,对于每一个遇见他的女子来说,都不啻是一场失去尊严和人格的灾难。

如粗布小妇人的爱玲哭泣:你不给我现世的安稳……

似要拽住胡的衣襟落到地上去哭了。他们在江边一别,张在船舷边涕泪,月白色的衣衫被清风吹透,是人间最后一幅仕女图,也是张为这段戏情纠结一年半后流下的最后一场泪。从此不再有了。只一纸诀别书递到胡的手中,有始有终的清明平和——张是有气节的女子。写下多少一盏香炉的情事,竟不曾想到自己的姻缘里会有如此一败一劫。奈若何!挥剑斩!这是大家的风范,胡即使入赘进去,也难以懂得"气节"二字的好。

胡兰成逃难时买来兰花自己栽种,是因为叫张嘉仪这个名字三年矣,生恐忘却自己的本名。这点悲凉的自怜落在他那里,却引不起世人的同情,只因他惯常做汉奸的底子。一生中,每见一奇女子便会说着誓言地爱,便会有模有样地做起了夫妻,对于之前的妻何谈肝胆侠义?对于现在的女子也不过是露水一场。这与汉奸的作为等同,是把人间际遇看作过家家的不自端量持重。

我宁愿一个坏的人,在坏的事情和历险里顿悟为好人,他再来著书的时候,必是字字句句清实,如晚月沐兰,只把一腔的赤诚和安然的欢喜递交给后人,那些悔恨的事情便如参禅,已点破,已如千江秋水千江月。

胡在此书里冷不丁就会冒出"安稳"两个字,也会冷不丁就冒出某气。如运气、兵气、王气、喜气、霸戾之气、体气、气以充志、贵气……可见他的紧张。要安稳,前提自然是没有安稳;时刻观察气场,可见更不安稳,可见内心"大乱起来亦出得五龙会里的英雄"欲求之急迫。他第一次去拜访张,说张的房间堂皇得有兵气。这一点他是喜欢的,仿若拜见了前朝重臣李鸿章和张佩纶的志得意满。后来,他在义乌乡下躲避的时候冒爱玲的家世,说自己的先祖是张佩纶。拜访之人说这是家学有传了,颇有赞叹佩服之意。这样的江湖志气是他盼望已久的。只是此时经历爱玲后的他,已与小周、秀美相继结为夫妻。人间有鸳鸯,有合欢树,有天鹅企鹅,皆忠贞不贰、守廉耻礼义。胡却只把旧人的哭声和新人的笑声当作自己一路波折走来的调剂。

才子可以不风流。曹植、杜甫、李义山,甚而杜月笙,他们都是重情、多情却不风流的。何为风流?见一个要一个,只顾今日金樽有酒对月叹山河浩荡,红烛下这个人的面——风浪浮华。他说:一夫一妇原是人伦之正，但亦每有好花开出墙外。

旧人在哪里伶仃？爱玲与他分离的两年里写下剧本《不了情》《太太万岁》，所得三十万元稿费与诀别书一起寄给他，怕他流离的日子太苦。她是把他当作丈夫来待的。而丈夫这个衔名在胡这里恰只如把玩的一只核桃——嘎嘣响惊心，落满岁月的油腻。小周在汉口被捕，被关押两个月释放，她嫁去四川后生有一女，后来便没了消息。范秀美是新人，却也是一年见不着三两次。待胡逃去香港，再转道日本，在日本栖息下来并遇见了有丈夫的日本女子枝子。与枝子以夫妻之礼相处三年后，胡重逢当年上海滩黑帮风云女子佘爱珍。两人结为夫妻，这一次是死生契阔执子之手的收梢。一物降一物、以毒攻毒，这样的词语放在这里真是再合适不过。

写佘爱珍的篇幅最长、最用心，胡把佘爱珍从小的顽皮和青年时候的风波及至叱咤上海滩的风度，都刻写得历历在目。他写今生今世的时候，佘爱珍正在忙于开酒吧赚钱，理想是要买一座宅子，里面的一间给夫君专做书房。至此，胡四五十年来想要的繁丽的生活、深稳的日子、安全的栖息，都有了归处。这个是佘爱珍给他的。

别的女子都给不了，他曾对天长啸："我不要世上这样贫穷破落，我要这世上是繁华的、贵气的。"所以，他们亦就无缘。原配玉凤只是一介村女；二妻全慧文是为了生活而结婚的平常女子；三妻是一位姓应的青楼女子；四妻是张爱玲，那时他已江河日下、无处藏身，性命岌岌可危，爱玲唯一能做的就是寄银钱给他，拿他一点儿办法也没有；五妻是小周，十八九岁的小护士，他留下十两金子给她，便任由她的命运东南西北风了；六妻是范秀美，护送他到乡下避难，竟然就避过去了，两人都看得开，知道未来是没有的，今日的誓言是不作数的，范是有男儿气概的；七妻是日本女子枝子，虽然没有正式结婚，但是三年的日子是有夫妻礼仪和情分的，后来再不相往来；八妻是佘爱珍。胡落到这里，就如一个曾经顽皮鬼魔的孩子瞬间被收服。他的花花世界只在著述里。一个丈夫说起自己妻子的英雄往事，满口的称赞、臣服，简直是一部英雄儿女传。只是到了佘爱珍这里，胡突然有了人气——他不再如夸父逐日的心焦，他的心落在生活里，终于有了他想要的世俗现实的安定。

回到源头去。胡出生在浙江绍兴乡下一个叫胡村的地方。他的祖宗明代时候贩牛路过这里，因为一些运气就留在了此地安家。所以胡说，我爱这故事开头就有些运气。胡村出桐油、茶、丝茧。胡家出七兄弟，他排第六。兄弟们或务农、或学艺、或当兵，运势都不好。好赌者如大哥、四哥，早殁者如二哥、三哥、五哥。距离胡村四十里有个俞博村，他因在这里拜了一个无后嗣的人家为义父义母，而有机会去绍兴、杭州读书。这样，他的命运在胡家七兄弟里独有了扭转的契机，因为天赐的聪明玲珑心和学问而有机会成为"时局的弄潮儿"。娶妻是媒妁之约的玉凤。初见是欢喜的。二见是在花轿上下来时，脸儿黄黄未理艳妆，他当时立刻就不喜了。婚后的口角之争事关玉凤父亲的小气。心中有块垒，多少年后说起来还是此中有恨的。说起俞家义母所赠银钱不多，他也是心中有恨的。说起共事过的教员在为人上的龌龊，他还是心中有恨的。他说，我从廿几岁至今，走路心有所思，常会自言自语，说出一个"杀"字。他在义乌乡下困顿蜗居时候说，我也想在此地能结识一个人，或可于我的安全有益……我是意图勾搭……我的心虚正被他道着，我必须端详像个无事之人。

可叹胡写作态度的坦荡，仿佛专意把本来面目亮出来，要世人评判他时可以更务实求真。而这个睚眦必记恨的男人，怎与风华绝代的张匹配？

从不曾恨叹张的识人之心在这里犯糊涂。因为我们都是女人。爱才子，爱爱情，爱传奇。她只当他是她的倾城之传奇，他却当她是他人生履历里的一个明艳的资本。如《西厢记》里千夫所指的张生。时光既不无情也不糊涂。多年以后，每个人的心都会袒露于清风下。国人都爱张爱玲，国人群殴胡兰成——这不能说一定就是有偏颇。

《今生今世》华丽丽。华丽丽地一转身、二转身、再转身。逃离胡村，逃离汉奸斩，逃离中国，最后端坐于日本，在从前滚过铁钉板的黑道女子佘爱珍的荫护下，写书。不喜他与爱珍的玩笑话。他说，若爱玲理我，我去寻她了，你该如何呢？爱珍回答，那我就撒扬那拉。从前，他为了从香港偷渡去日本，找同在香港的落难人佘爱珍借路费，佘只给他两百元，也是一个永结无情契的人。然而，只她与他最登对，只她最懂得一个薄情风花的男人是万不可提早去怜爱的。然而，把半世性命交给胡的也只是佘爱珍。这个女汉子与胡竟然是相知而相爱的。胡说，原来有缘的只是有缘。他还说，至今我与爱珍，两人是一条性命。读到这里，我这看客心里是完全信的。

爱玲后来对他的态度，庄重平淡。为小吉（劫）故的诀别是他年他乡明月照耀下的事情，是前一世的事情了。所以，爱玲从美国平静写来明信片寄到日本向他借书，也只是借书参考用——平静里更见气节。

浮花浪蕊者，这点轻骨头令人绞肠。胡与张热恋时，抚她的脸说，你的脸好大，像平原缅邈，山河浩荡。胡与小周在一起，说他总爱看她的脚，穿着圆口布鞋，合着人的心意，不禁又要赞好。写范秀美，说她的生相与腰身，人家会看她只有二十来岁。写枝子，说相识三天后，自己的手搭在她露出的臂膀上。写佘爱珍，说她的华丽贵气是天生在骨子里，她就是自己的天。

说来笑叹，只在爱珍这里，他没有那样香艳之词，反而他俩相濡以沫后半生，可以说是既恩且爱的。他说对佘爱珍的感情是：身留一剑答君王。这样的庄重言语在从前的诸多女子那里是不曾有过的。所以从前的爱里有狎的味道——不纯也。他第一次见爱玲便用着勾引的语言：你这么高，这怎么可以！爱玲立刻会意，低下头来——调情是也。今天我们许多人恨他，亦是恨他怎么可以——大肆去抚张的脸，还说平原浩荡，这怎么可以！

也会读着涕泪。一些词语只他和张最相知。比如，秧歌、团圆。他说，看一样东西觉得好，都是从爱玲那里学来的。若有人读不懂《秧歌》，他便气。他生气的样子，我仿佛看见了，一个天真的老顽童，霎时竟然原谅他了。且他向来格外爱李义山的诗，又常常在文章中引用，我心里竟然是宽宥他的。

他有他的困境和局限。天不给他的命，他偏偏要，争出世之机。因为强要，心理从来就不健全。顾此失彼，失去了，便要赶紧用另一个来证明。无家世、无学历、无背景，可以说是无根的飘摇蓬草，偏偏满心的乱世出英雄的想望，他何尝不最想过深稳的好人家的日子。如他所起的誓言，那誓言是对他自己的生命许下的：安稳的世事，静美的岁月。他真心想在这岁月里做一代豪杰，是坐统日月江山的。

而岁月被他自己扭曲得峥嵘，几乎要狰狞了。偏偏爱玲遇见他。于是有了《今生今世》这本书。这书名是爱玲从前帮他想的。

一本纠结的书，买回来，用两夜读完。恨事多了一个——恨《今生今世》的写作者是胡兰成。这样好的文笔、这样如海藻摸着月亮的碧玉心，却是这样一个不堪的人写的。他写解放初期，"解放军擂鼓过长江""遍地都是秧歌舞";写财神"富可以这样的文静有喜气,这就真是盛世了";写胡村的雨后"半边天上垂下虹霓";写乡村人家"月亮底下剪麦茎";写中秋节"月儿如灯人如月";写婚礼"人世是可以好到像步步金莲的";写斯家"母亲明艳,出来的子女都铮铮";写初冬的义乌乡下"唯见木落山空,路边桕子如雪";他写自己"我的流年自己知道"。

字字珠玑,短章如此杀伐果决而香艳。

胡兰成作古近半世,清风吹动柳枝的又一春来到,他说过:看见自己的本相清真,如同那浣纱路边的杨柳。大约因为这个原因,他不隐瞒、不避讳,当讲的话都讲出来。他便是这样的一个人了。辛弃疾有诗句:最喜小儿无赖。当他是无赖小儿也罢,拿来做人性的解剖最合宜,且比世间的某些人要真实一些——至少他的今生今世的回忆是用真心和本心去写的。

东风恶,欢情薄。一怀愁绪,几年离索。错!错!错!

他何尝不知道自己错了。他吟诵"北方有佳人,遗世而独立……佳人难再得"时说:"当下我心里若失,这一回我才晓得待爱玲有错……"不过孺子不可教也,他又立刻说:"但亦不是悔憾的事。"他亦说:"我做了坏事情,不必向人谢罪,亦不必自己悔恨。虽然惭愧,不过是像采莲船的倾侧摇荡罢了。"

这是胡自语的"厚脸皮"。

我家无小儿,若有,是不许他读这本书的。我家有三个女儿,要请她们读。擦拭慧眼,人生观、价值观、世界观,这三观我但愿她们早早树立,不走歧路。珍重,珍重,珍重——无论是乱世还是稳世。

10 义薄云天

❦

《霍乱时期的爱情》里的义人是哪一位？

是那位船长。他毫不犹豫地将打死哺乳宝宝的海牛的猎人扔在了荒无人烟的岸上，船继续前行。之后，船长遭到了监禁的处理，但是他从不后悔。他说，如果再遇见这样的事，我依然会这么做。

海牛宝宝看见妈妈被打死，号啕大哭，几欲自绝。船长把它抱到船上，送到动物保护中心。当大河两岸的海牛在数十年后被人类彻底杀害灭绝的时候，这头当年的海牛宝宝成为世界上最后一头海牛。

马尔克斯的伟大正在于他犀利的智慧之眼、善良之眼，洞穿了恶，他用他的文字爆穿恶者的头颅。

还有哪一位是义人？遵守十诫者、义薄云天者、脱俗清洁者！费尔明娜的姑姑，她祝愿爱着自己侄女的清贫年轻人阿里萨能够实现他的愿望。姑姑说：答应他！虽然我没有结过婚，但是我懂得爱情！

为此，她所付出的代价是：被一心要攀交贵族的哥哥驱赶出家门，数年后沦落在一家麻风病院并在那里去世。

还有义人吗？费尔明娜也是。她这一生何尝不是爱着那个如幻影的年轻人；她四处寻找打听姑姑的下落；她用"全爱"去爱着丈夫——那位可爱的医生大人；她老了，丈夫去世，当阿里萨再次出现在她面前、表达爱，她又回到了少女时代，羞涩而纷乱地来到颇有讽刺意味的"一生一世的爱情"面前，仿佛在接受审判。

阿里萨不是义人。他这糟糕的一生！放荡、溃烂，是为疗爱情之苦纵欲？还是身体里的天性如此？

跳过吧，如飞越人世间罪恶的天堑，把玩小说家笔下的"故事"——那正是人间的地狱！然后沥出的洁净微乎其微，人人被卷绞，自认无辜，内心惶恐。

在沼泥中，费尔明娜迎来了巴黎学成归来的医生大人；在沼泥中，费尔明娜和她的表姐抽着水手才抽的卷烟，思考爱情，或者另外的词语——爱的希冀、狂放、现实、激情，甚至还有地位、尊贵和财富。

费尔明娜在新婚之夜的船上问医生大人：你爱我吗？

医生回答：别忘了，我们是夫妻。

马尔克斯在叙述中说——是的，医生知道，他并不爱她，但是他们能做人间最好的夫妻。

医生捉鹦鹉从梯子上摔下来，即将终结生命，他说出最后一句话：费尔明娜，只有上帝知道我有多爱你。

各种答案无处不在，答案确实、缥缈而充满悖论。

这是霍乱横行之地。港口小城，人人负罪而行。阿里萨是母亲的私生子，亲生父亲是这条大河上最大的船运公司的创始人之一；费尔明娜的父亲以贩卖骡子发迹，但拥有巨大财富的途径则来自罪恶的手段；爱上已婚男人的费尔明娜的豪放表姐；纵欲一生的阿里萨；婚后出轨的医生大人……

费尔明娜和阿里萨在他们最老的时候登船航行，即所谓甜蜜之旅；放荡一生、女人无数的阿里萨说：我爱你一生一世。

我宁愿相信马尔克斯希望表达的是：在一个义人微乎其微的时代，海牛、鳄鱼和河谷全部被打碎，成为真正的泥沼的世代，人们无法馈赠给自己一朵真正的玫瑰花!

11 悖论

❦

实体书店开张,甚至装修得有品,实属不易。每次去一家都要买一本书,是为支持。在汉口的卓尔书城、武汉天地的书城,还有解放公园路新收拾完毕、有金鱼和莲花水池的书店,都买书了。这样,心里才觉对得起一种人间稀有甚至是残存的美好。

所以就买了聂永真的书。他是台湾著名的装帧设计师,文字和思想也极好。《不妥》是小开本的厚实书,打开看见几个字,就知道必得买回去(不好的书,也是打开看见几个字,就一辈子不想见面了)。

聂永真说,我不会永远跟你在一起,否则不会那么的美。

于是心里想,我从不曾决定和他一生的每一朝夕在一起,因为那样我就不会有今天这样的美了。

聂永真很棒,说出了我心底的话——

爱是爱的,但是不要在一起。我不能保证世俗日常里的那个我,能够令你喜欢。同样,我也不太有信心世俗日常里的那个你,就是我果真心所向往的。

因为很爱，所以无论怎样都不离不弃，朝夕共眠，共语，共食，共嬉戏。这是我和猫儿达成的默契。

这两种感情互为参照，存在悖论吗？

12 　　　　　　　　　　　　　　　　　　和风

很小的时候,我浑身的细胞发出这样一种感觉:我的前世大约是一个日本女孩子。

不能大声说出来的小秘密。我看地图,总觉得有日本的风刮过来——从东边往西边、呼呼吹的风。很大了的时候,知道魂灵可以日行十万里,天上的一日是地上的很多年。如果作为一个日本的女子,投胎到此世此地,又未尝不可。不可用人对时间和地理的远近来衡量投胎这件事。

喜欢整洁幽寂。喜欢禅意。喜欢细细地料理食物。喜欢猫。喜欢花落。喜欢风的对流、水的汩汩。喜欢"菊和刀"并融的男子。喜欢苍茫的瞭望。喜欢奋不顾身的爱。喜欢柔情。喜欢决绝。

我看见一个男子行走的气团是武士道的,但坐下又是凝神的雅士,就会真的喜欢。

我看见一个男子略略浮夸地对女性颐指气使,但实则款款小心,几乎温良贤淑,就会真的喜欢。

我看见一个男子虽艰难地生活,但明亮快乐,就心生感动。

我看见他用着心下洞明与我往来——不是尊前爱惜身，佯狂难免假成真，曾因酒醉鞭名马，生怕情多累美人——于是我颔首微笑——这是一个日本式的男子。

日本式，那是什么式样？

——时时怀着尊敬和小心。怀着清洁和美。怀着真实的爱和不舍。怀着"美人赠我金错刀，何以报之英琼瑶"的古典情感。

简单来说，因为他的庄重而令人心里踏实和妥帖。一个字是一个字，一句话说了出来就会去实现——这样的男子聪颖、慧心、践诺、努力，心里有义。

只有日本式样的女子才会辨识出哪一个男子是日本式样的。偌大人世间，这样的男子何其少。但我有幸遇见，并互相知道对方的幽幽心意——

就如张爱玲说的那一小段话：于千万人之中遇见你所遇见的人……

13

赢家

❦

  张爱玲《倾城之恋》里的萨黑荑妮公主和范柳原——后者是生意场上的社交达人，前者是在十里洋场营造危险情爱关系的暂时的宠儿和赢家。他们二人的关系？

  一个不会愿意嫁，另一个不会愿意娶。但这不妨碍他们就能够做一生一世彼此记得的挚友——因为他们是一类人。

  然范柳原喜欢旧式的女子，弥合生命里约略的空荡和疤痕。若说有伤口，对这样一个玩世不恭的富人的私生子来说，毕竟继承了不菲的财产，似乎一切又是上算的；在社交界里有一席之地，也可以得着众人的高看一眼。所以不会有矫情的伤口一说。

  白流苏正是旧式的女子，但若果真能够被范柳原这样一个情场浪子娶回家，也并不是易事。两个人一见，便因为"怔然的相互契合"而有了娶和嫁的打算，各自在心里。然而因为一种不甘心——棋逢对手，便按兵不动——范柳原爱是爱的，却也不能因为一棵小树放弃整片森林，也许有更合适的大亨千金助力他的运气；白流苏爱是爱的，但这一次的爱是倔强的，不能重复前一次的大输特输，她已经受够了男人施加的不堪对自尊的磨折。

谁先动心,谁就输了。虽然两个人在那晚的蓦然一见里就都已动心——然,谁先迈步,另一方就掌握了主动。但是,总得有一个人打破死寂。

白流苏赢了——是的,白流苏最终赢了,她成为范柳原的妻,并在战乱中援手萨黑荑妮,请她来家中吃饭。白流苏简直是大气开怀——收复浪子、款待丈夫的女朋友。

但白流苏的赢是用忍得来的。再透彻一点儿地说,是用既已敏觉对方有爱的心意,便决意要令这个已然萌芽的爱继续生长,继续生长,成为既成事实的蒙荫大树。

几乎可以说,就是把全部身家放在了赌桌上来赌。其实,白流苏哪里有什么身家,她离婚后带回娘家的那点儿体己钱,残汤剩水般地被哥哥不留痕迹地盘剥而去,不知何时,她已经成为娘家的包袱——大家都恨不得她立刻有下家,然后搬出去。

她能够拿出来赌的身家不过就是自尊。按兵不动,静待变局。

有人说,《倾城之恋》里的这两个主儿精明,甚至市侩,即使最后走到了一起,也是因为战火催人老。然,我不认同。真正的爱才会多出太多的踯躅和观望,而不是直奔目标而去——哪怕这个爱显出来的特征是不仅在折磨对方、也在折磨自己。范柳原很早就被打动了,因为白流苏的善于低头;白流苏遇见范柳原,陡然来了精神,这就是她一直想要的对手。她的骨子里是懂得男女风花雪月的。她是老辣的,所以会有突然起身踢香炉到床底这个动作。她有决然的心,能看透人间事。

因为是对手,所以迟迟不出牌、不推动棋子,抱臂如武士——直到一座城池塌陷,他们在一截城墙下苟保性命——这真的有沧海桑田携手百年的味道了。

在张爱玲的小说里,《十八春》的爱情也是沧海桑田的。当曼桢十八年后再见到世钧时,她说:世钧,我们都回不去了。

就这句话,也几乎是一座城池在乱世里塌陷的轰然。

爱情到了乱世里,就露出真切来——即使是峥嵘。

张爱玲在上世纪四十年代中期说:这是一个乱世。

仿佛只有乱,才见爱的真。

14   爱惜

❦

喜欢一个人，是说不清楚的。爱和胶着这两个词语也总是要黏在一起。而爱、占有和嫉妒这三个词语，最无法分解爽利。爱和性爱两者也会乱如麻、欲理更乱。

我们如何才能知道彼此是为了虚荣的占有才动心，并朝对方扑去？我们又如何知道，我们是为了欢愉的性爱而深陷爱河，还是为了"真爱"二字而互为托付？我们更困惑的是，一对相爱的人在日常琐事中，最多的情绪却是怨怼和激愤，而化解不快情绪只能使用性爱；然而回到现实场的两个人，问题依然存在，并且永远得不到解决。那么，欢愉的性爱是不是爱本身？激烈的情绪应对是不是因为爱之深切？

其实，"对的人"就两个特征：对的人不会离开，永远都在；对，则彼此都愉快，百分之九十五以上的岁月是平和及互为体恤的。

我们所寻求并托付的人，应该是"对的人"，而不是因自恋、虚荣、欲望而去占有的那个"出彩于众人"的人。因为不能完全地去"霸占"，所以才会有激烈的情绪和对性爱的狂热。

我们最终爱的，是一个人的品德和质地，而不是一个人的优势和其表。反之，若只是由优势和其表所产生的致命吸引力，这份爱就是"霸占"，最后会因无真爱的内核而渐渐如飘絮，无法固化为石。

对的两个人之间，会有彼此的欣赏和赞同——即默契和包容，会有呵护和温情——即友爱。而不仅仅是焚身的爱火。在真正的爱意里，爱火不会缺席，但爱火的喷发不是主要、甚至唯一的旋律。

这就要说到了很老派的一个词语：责任。真正的爱里，除了友谊，还有爱惜这个非常美好的词儿——爱惜对方的全部存在，其实就是承担了一份生命该有的责任。

15 / 我喜欢你

❦

在韩国电影《第二次爱情》里，女主和男主道别的时候欲言又止，却什么也没有说就下楼离去。多年后他们重逢，男主问女主，当年你似乎有话要说。女主说，我想说"谢谢你"，但我又怕说了这句话我们就真的再也见不着了。

有一个女子告诉我，当她知道她和一个男子到了最恰当说再见的时候，她说出了四个字：我喜欢你。长久以来的互相吸引、彼此认同、亲密交谈、惆怅思念、欲说却休、欲语还羞、欲近又怕、既爱又疑，终于在她的"我喜欢你"四个字里做了戛然终结。

我喜欢你——"撒扬那拉"那般美丽、决绝、毅然、真心、纯粹。

因为果真是喜欢的，所以知道再往前走一步就是黑崖。不如趁着我们尚且优雅、优柔有余地，像是在看别人的故事，于是轻挥戴着白手套的手，无论心底或者眼中是否有晶莹的泪水漾开，至少你已知道：我喜欢你。

因为知道其实你也如我一样这般地喜欢着我，所以更会好好地珍惜这份情感，让它如竹马情结——把它收藏进书本的折角里，我们共同读过的一样的书；请它回到酒窖中沉睡，也许晚来有一缕惊喜的沉香。即使果真就此失散、此世永匿，当年的收梢多么惊艳，有侠士风骨。

  这个女子的做法虽然合情合理，但也令人有微微的惊诧。她说，其实道理很简单——我们这样多情的人，最容易遇见爱情。回头观照他曾经的爱情和我曾经的爱情，那里面的人在今日几乎都如过眼烟云。而在他这里，我愿意是那个常青的人。

  遇见了一个非常喜欢的人，因为半生的经验教会我们预知事态的能力，所以她用悬崖勒马的惊骇力量，改写了一段感情的逻辑命数。据我所知，至今日，这个女子突然对爱情际遇完全地失去了兴趣。

  那么，他们果真就此别过了？看客会说，那一定是其实彼此并不很喜欢啊，所以才这么轻松地就不再思念对方了。非也！我替她阐释：放下，得用千斤重的勇气；放下了，方知"我喜欢你"，果真值千金。

16

爱上

❦

　　爱上一个人，是非常"不幸"的。因为他（她）引以为傲的风姿、学业、事业、荣誉、良好的交际、优雅的举止、不俗的艺术审美、荣光的祖上……全部轰炸式或者坍塌式地夷为平地（归于零）。

　　现在，他（她）是一个一无所有的半大孩子，宇宙中最微小的一粒飘荡着的尘土，一只需要耐心摩挲的小流浪猫，一朵拍打玻璃窗的白云朵，一座小小如太湖石的小山浸在水中——那么孤独、无助，却又不能倒下或者湮灭（太不幸了）。

　　一个女子一年一度采访爱她爱了二十年的男士：为什么会爱我（女王口气）？！男士回答（几乎是耸耸肩）：看来这只能是老天委派给我的一个使命——因为就连我自己都不知道为什么会这么爱你，而且从现在的趋势看来，是要爱到死的。

　　一位男士很好奇一个女子突然就喜欢上了他。但他决意不问。这是男人和女人的不同之处。十年后，女子告诉他：就是第一眼。甚至是第一眼之前的一种预感式样的意识，然后你迈入我的视线、我的人生，你坐在众人的中间，我的目光带着深深的困惑看向你——困惑于一个陌生人却身怀我所熟稔的密码。我敢确定,这个喜欢是超前的,之前就存在了,你像多米诺骨牌那样应时而来(数学里没有偶然一说,一切的得出都是之前漫长的演算结果)。而你生来就应该在那个坐标上,那个坐标写的标注是:这是我的爱。然后,你就在那个坐标上。

差一分一毫都不行(张国荣在《霸王别姬》里语)。时间是横坐标,命运是纵坐标,此外还有无数变动指标,因为造化一直在弄人。一个命定的相遇坚持着必须遇见的坚定步伐——这是庄重的遇见——不然谁也不可能在第一眼就爱上,并接受和执行命定的"一直爱到死的那天"。

多么不幸。一个璀璨到几乎倨傲的人,因为爱而突然卑微下来,被缴了械,两手空空地站在上帝派他(她)去爱的人的面前,几乎有乞怜的意味,却绝不认为自己有失尊严,还坦荡荡地将这个爱当作毕生的使命(那个被爱了二十年的女子真好运)。

如果卡列宁和渥伦斯基中的一个是如此来爱安娜的,安娜就不会怀着苦涩的失望迎向火车头了。

真爱其实很卑微,但又倔强如野草。

17 真正的爱情

卢梭说，真正的爱情是纯粹和使人高尚的。

以这句话为标杆来衡量我们现有的爱情是否是真正的爱情。

纯粹的反面，则是不纯粹——风流态度、色的吸引、用处的实现、正好无聊、虚荣心的满足，其他欲望。

不纯粹的爱情格外要讲求的是：一、回报，即实现欲望；二、占有，即更多地实现欲望。

无欲则清，有欲则浊——则一定不高尚。

孔子说：吾未见好德者如好色者——人们更热爱两性相遇所放射的性和实用的吸引力，而几乎忽略彼此的品德和价值观产生的共鸣是否一致和强大。

纯粹二字涵容的是：相知、相惜、彼此为对方的美和德所吸引、甚至臣服，生命于是生发出被升华的光芒、充满了友谊的喜悦，而无对实际利益的掂量（神光到来，超然物外）。

彼此获得了如何做一个更好的人的契机，这本身就是最大的收获。

所以，真正的爱情并不是非要通往"什么"，目的性在爱情里并不存在——则这样的爱情一定高尚。

真正的爱情究竟是什么？它是活氧——大雷雨过后野地发出的清新味道，能够清洁五脏六腑；它是上帝之手——温暖且饱含着爱，上帝委派爱人之手，令你真切地觉出爱是德的化身，两个相爱的人可以彼此为镜。

18　　　　　　　　　　　　　　　　　　　欢爱令人恶己

❦

爱令人温暖。性爱令人感伤。欢爱令人恶己。

为什么说性爱令人感伤？见杜拉斯的《情人》。时隔多年，那一个人若是我们的真爱，则昔年的性爱，是令人感伤的——

认真地摸索，像是在探视自己的骨头、自己的血肉、自己的灵魂、自己的无助，瞬息的遇见和守着，终归是一别天涯。

令人感伤的情感广存于真挚的爱的关系里。两个过度相爱的人发生的性爱会很决绝，几乎是刀光剑影、泪如雨下，所以更令人难忘。

倘若已经无法走入没有厚沉劲儿的爱的关系里。欢爱二字，何其轻浮和浅薄、低等和顽劣，这里面何尝就有真的欢，因此更没有真的爱——这几乎就是阿鼻地狱。

和猫儿们度过春夏秋冬的每一个静夜，我在书房面对电脑，它们就一个一个地围拢在藤椅上、书桌上、电脑后。我在卧室看书，它们就一个一个地围拢在被子上、枕头边，静静地看我，看着看着就打起了小呼噜，慢慢地抱成一个小软团进入酣睡。它们那么认真地爱着我们共同营造的温暖和舒适、平安和守住。世界旷大而未知，这样的爱，多么令人温暖。

有一天夜里,我梦见了他,他呆呆地看着我,伸出胳膊想要抱住我——环住我的肩膀,捉住我的衣襟,拽住我的包的带子,抚一下我的头发,捧住我的脸。我在梦里动也不动,站在他的对面看着他的焦急,然后就醒了。

这样的爱,多么令人哀伤。不是如此这般庄重而炽热的爱,怎么可以与爱情沾边。

逝去的父亲,故乡老屋的拆除,路遇善良的人把懂得和尊重给予我……这些爱,多么令人神伤。

19 一切不对的终将烟消云散

❦

有那么一种人,你看不透他。他主动、热情、守时,也跟你谈奔放的理想和美好的愿景,他用炽热的眼睛注视你、用贴心的话语去契合你、用累累的功绩奠定他自己……但是,你依然看不透他。

你分明看见他热切的眼睛背后另有一双冷静甚至冰冷、含着侥幸和窃喜的眼睛。你分明感觉到他的话语和表情是一次次的复制粘贴——因为不真诚而显出拙劣、蹩脚和吃力。

他为什么会从天而降来靠近你?为什么每一次见面后的转身,你都会顿然觉出水中花、镜中月般的一场虚无?此人可以就此转身再也不出现——即使再次出现,亦是又一场虚无罢了。

类似这种表演性质的遇见,人生中总会有一到两次的"不期然而倒霉"吧。为何你竟然允准了这种遇见的当时保留和明知不对、却依然在拖沓中委蛇的周折?也许当时的我们,太寂寞、太虚弱。

所幸,一切不对的终将烟消云散。那个此生最后一次为你看不透的人,也已经烟消云散很久了。今后,再也不会允许有看不透的、充满诡异的人前来——表演。

之所以看不透，还是因为你感到困惑、疑惑，他的所言、所行，即使表演得很热烈，也难掩其硬撑着的假装；他的所行、所言，目的性强大——强大到你以为那就是爱的指向，你被这股力量操纵得团团转，生活突然有了清晰的奔头——啊，奉献！

那一次，最后的一次，你哭了。你对那个登台表演的人说：可是我看不透你！

终于分开了。并不是因为看不透而分开，而是因为委蛇的周折之后的某天，你终于看透他了——这一场不是为了"爱人"而到来的伪爱。天地清明，那股神秘难忍的力量被你挣脱。他在你看透的瞬间便自动消失了，就像按着了某个救命的按键，也像孙悟空的金箍棒打落下地，妖精立刻变成一股白烟——一切不对的终将烟消云散。

20 对小生灵的态度

❦

怎么说呢。年轻的时候，我遇见了两个男子。他们都刚刚从少年进入青年。也许我可以选择其中一个做我的夫君。那时候大家都早婚，而现在的人更善于晚婚。我着实不知道该选择哪一个——似乎我要哪一个，就可以嫁哪一个。他们最大的不同是在哪里呢？二十年后我记起来，一个喜欢猫，他来我家里做客，和我的姐姐一起跟猫说话，他的神态和我家里人对猫的态度完全一致。我在厨房烧茶，回头看见他温柔微笑的神情。另一个呢，他对猫的态度是有一天把猫儿扔下了椅子——因为他要坐那椅子。正在睡觉的猫就像一本被扔掉的不好看的书，扑通一下掉到了地上。我怔怔地看他的脸——竟然是轻松微笑，甚至是快乐的——于我何其陌生。

也许命运并不给我们选择权——特别是在我们年轻的时候。后来结局的失败，让我想起两个男子对同一只猫儿完全不同的态度。

我能对三个女儿说的话就是：你们要找的那个男子，他需温柔地对待小生灵啊。这个态度事关他能给予你多少真实的幸福。

青年时代的末尾，奔波劳碌的我遇见了他。我捡小奶猫儿回家，他来看望我，与猫儿做了彼此亲密的好朋友。我在厨房做饭，回头看正在和猫儿玩的他，他的神情像个大天使。他显得很有经验的样子对我说：你不要嫌弃它现在不好看哦，猫儿越长大就越帅气呢。果真，三宝后来成为一只傲娇美丽的大猫，随我走遍东西南北，一直陪伴着我。

　　我对他的信赖，就源自他对小生灵的温柔对待吧。无论何时何地，我即使失意，也有偶尔的寂寞和对漫长往事的疼痛思索，但一想到他真实的存在和好，我就能重新打起一百二十分的精神，走入我的命运——无论那命运里有什么在迎接我。

　　爱猫，哪里有什么了不起呢？但是，我喜欢他对猫和小生灵的态度，也喜欢那默契的心——这颗心说：遇见你，我很开心，而且很珍惜。

21 不要问

❦

是我们想好了要什么,然后冷静地站在世界的边缘,用力拉开大门,去择我们所要——而不是并不知道自己想要什么,急于拉开世界的大门,一大堆——也许全是"无干",掉在我们脚下,淹没了宝贵的光阴、独有的生命。

他说我有趣、有品。如果我有趣、有品,我要的,也必得有趣、有品;如果我果真有德,我要的也必得有德。

这个清晰的逻辑先后关系,为什么年轻的时候竟完全梳理不清楚呢?因为那时候疲于应对理想和窘困交织后的双重压迫,还有自信和自卑的回环往复。所以,四十岁之后才是我们最好的年华——淡定、坚毅、明确。

很多人走着走着就散了,成为最陌生的熟人,或者最熟悉的陌生人——无干者;很多想法在一个季节过去后,当黄叶子飞来时就摈弃了。收拢自己的口袋——它没有魔法,不可能装下大千万物。这一生,它只是"一":一个你的真实的样子,一个你爱并维护着的存在方式,一个你中意的人——他给予你无限的靠近、允准你去依赖他。

为什么喜欢？这是恋人之间会问的问题。

喜欢，是说不清楚的；只有讨厌，才能够说得清清楚楚。他就像个哲学家。

他说：嘘……不要问，也不要回答——上帝和我们也是这样的关系：不要问，也不给你回答。

有一个人，我起劲地走啊，走啊，却怎么也没有同他走散，稍一偏头——哦，你依然在这里？！而不是爱玲笔下的那两个年轻人——月光依旧，花树依旧，一个辗转异乡，一个杳然——这两个其实是无干的人。

我悄悄地拉开世界的大门，面对货架，点击三个关键词：有趣，有品，有德。再加一个：多年相识，从未走散。于是释然见他一人屹立于偌大的世界——他像炉灶里劈柴的火光，朝向我、温暖我，令我面颊滚烫、微醺，一句话也问不出。

22　　　　　　　　　　　　　　　　　　　　　　　　心意

❦

无论是看见小猫儿还是大猫儿，只要是猫，我就要扑上去摸；如果允准我摸，我就要亲；如果允准我亲，我就想抱回家去。所以，很久以来不敢遇见猫，因为家里的猫已经比较多了，仿佛挂了满员这个牌子。可是对于狗，我只是觉得可爱或者可怜，只有这两个词语罢了。

所以说，喜欢什么，其实是独特个体早已被设计出定向的——怎么可能有无缘无故的喜欢和不喜欢呢？

比如喜欢一幅画，多年以后回想起来，依然喜欢得紧。并且这么多年中，也没有果真喜欢另一幅画超过这一幅的；喜欢一首诗，在长长的一生中突然就默默朗读起来——谁此时没有房子，就不必建造，谁此时孤独，就永远孤独，就醒来，读书，写长长的信，在林荫路上不停地徘徊，落叶纷飞。

是气质、气息和情怀的高度吻合。

所以说，若我们果真喜欢了一个人，这个喜欢是能够"一别经年"却依然喜欢的。而很多"一别经年"却不再喜欢、甚至无感，只能说明当时并不是真的喜欢。人无论年轻或者年老，难免昏庸。

喜欢——像两个身体里各自安装的磁铁,突然警醒了,磁极运转,发射吸引力——这两个怀着灵魂的身体,此时不被灵魂的理性判断来支配,它们自个儿便两两相望起来,并坚定地靠近、更靠近,身体里的灵魂想要控制局面,却在精确数据尚未算出之前——或者理性判断之后,依然无可奈何地从了。

细细回想一下吧,那个喜欢我们、也被我们喜欢的人,他总是悄没声息地就站在了我们身边,两个灵魂立刻没有了边缘,融合为一个柔软体,说的话都是心意里的话,都能够听懂,没有空穴来风和生硬磕绊——因为早已懂得,并体恤。

我记得那一天在一个园林里,身后是热闹的人堆,我跳脱开,果真像个不耐烦的大猫。我去看园林里的太湖石。他正巧就来到了我的身边,那温暖的……温暖的什么呢?呼吸中的话语吧。他看着园林,并不看我,说:就现在这样吧……你这样过,挺好的。

这句话里涵容了我所有的往事。我心里悄悄一惊,他竟然是全部知道的。我看着园林里那块水中的石头,并不看他,也不接话。

23 俯首之后

　　张爱玲给胡兰成写信,说这个小吉(劫)之后,她至此也就萎谢了。那一年,张爱玲二十七岁。

　　痛苦是可以有的,但是为什么要萎谢呢?只这一点我不佩服她。活泼泼的生命是上天的深情赠礼,要好好地受用才对。对于小生灵来说,失去了自由或者身陷饥寒,及至于被强势动物(包括两脚兽)侵犯生命,才算是无望,才就此仰天放弃。而女人很容易在一段惨败的爱情之后,陷入无望中。

　　当然也能理解——那时的爱玲多么年轻啊,虽文章老辣,但并不果真就谙懂"坏男人的世事"。

　　在这失败的爱情中——源头是因为那个渣男的一贯做派罢了,胡兰成在爱玲之前所抛弃的妻妾已有三位。

　　被这样花心盎然的人抛弃,不能意味着是这个女人的本然失败。可是大多数时候,我们这些被抛弃的女人就开始了疯狂的自省、忏悔。

　　于是半生处于心灰意冷中。也许,爱玲内心的冰凉阴影从来都没有消弭过?即使有了赖雅?她说过一句话:想要的爱的满足,乐抵不过苦。

被蒋介石抛弃的陈洁如，上世纪七十年代写遗书给蒋：三十多年来，我的委屈唯君知之……

又是哀怨的语调！且搭送了一生进去。

所以我顶赞成的爱情是两个心灵健康的人的"一见钟情"，并且，女人要略上风一点儿、强势一点儿，掌握多点儿主动权，也就是高傲一些。而不是爱玲一开始上阵来就"落到了尘土里"。

女性在旧社会以对男性的俯首为美德和本分——就连爱玲也不例外。

爱情伊始的平等、真诚、公正，很重要。俯首的姿态换来的是被暗暗的轻视，以及之后无情的抛弃。这是人性。

如果我们珍惜上帝馈赠的生命，并深深知道"活泼泼认真地活着"是多么美好的一件事，就不会在一段失败的爱情之后，活成一个心灰意懒的人——因为新的、健康的爱情，总会举步前来。

24　　　　　　　　　　　　　　　　　爱情的定义

♥

　　他和我说话的时候踱步到窗前，看见一盏黄敦敦的大月亮从沙子后面升起来。

　　沙丘——柔软的、硬实的，人最好仰身躺下，头枕着胳膊，蓝天下的风，胡杨安静，金色的夯土墙。

　　可是，什么是爱情呢？他问我。

　　四十岁的人总算开始疑惑从前的爱情，而打算给爱情一个正确的定义。

　　反正爱情不是荷尔蒙的燃烧。我说。

　　对，不应该是兽性。他赞成。

　　但是，从前的爱情……我大笑起来：可不就是剧烈的实验用的玻璃瓶里的气化、变了颜色、燃烧……连着瓶子一起爆炸掉，一地狼藉。

　　那么什么是爱情？他大约决心今晚把这个课题结题。

　　也不是搭伴过日子，那种彼此打量，心里迅速就能估算出强强联合后的诸多好处的，顶顶可怕——也许也能磨合出很好的感情，但终究缺乏情怀和趣味，什么都落到响当当的实处去……有一些人要的就是这个,他们喜欢就好……其实,他们够走运。

我家院子里的月亮是在两座高厦之间悠悠地望着我的那种。我当然更喜欢从沙子后面升起来的大月亮,它能够奔跑向前,在鸿蒙初辟时,人又洁净、又懂得美和好。但是爱情,我能在今晚和他探讨清楚吗?

我继续开动脑筋:比如我遇见一个人,说话行事有趣,为人真情实意,我们彼此欣赏、喜欢、敬慕。但是光有这些依然不是爱情。有一天,他去买一棵美丽的白菜,他说,好好,我今天腌酸白菜啊?我要用它给你余白肉。

到了这棵美丽的白菜这里,我觉得就很靠近关于爱情的想象了。

他屏息静默,听我说,仿佛入了迷。我回问他:那么你从前的爱情,到底是爱情吗?

他说,当时和现在,我都认为那就是爱情——如果不是爱情,何来的燃烧(虽然我们之前说,光燃烧不能确定那就是爱情)?——但是,如果那果真是爱情,就不应该消逝啊。

爱情会消逝吗?这个我不懂。在我这里,逝去了的压根就不是爱情(我好无情)——爱情是不会消逝的(我好自信)。

到了真正的爱情这里,礼义廉耻全回来了,是庄重的两个人——宋代朱熹《诗集传》云:言人有赠我以微物,我当报之以重宝,而犹未足以为报也,但欲其长以为好而不忘耳。

长以为好而不忘耳——这就是真正的爱情吧。

所以到了爱情里面,一忘情,君子也下厨,做最好吃的,给可意的人;一忘情,就把百宝箱打开,他问我,这一个用赤金包一个戒指,一定漂亮极了。

而我则——投我以木桃,报之以琼瑶。匪报也,永以为好也!于是也把百宝箱打开，取那甘黄色泽的玉佩，报之。

遇见一个可心的女子，于是激发起父爱、兄爱——类似的异性爱，才是真正的爱情喽。

25　　　　　　　　　　　　　　　　　君子好逑

先有了亚当,然后以亚当之"用"有了夏娃。男性和女性并不仅仅是人界里的基本分类,这里面是根深蒂固的优越性和选择性,即掌控和被掌控。虽在母系氏族社会里以女为大,但那时候的女对男,如母亲对儿子的温柔和关爱。在后来的父系氏族社会至今里,男对女,并不是完全的父兄之慈,更多的是得到了行使权力的机会——终于能够占有和驱役的主人之姿。

所以从这一点来说,女性的涵养胸怀大于男性。也许上帝故意这样筹划人间,让人心多些砥砺撞击和强权的不公,于是就能多些思索。没有思索的人间,与荒城无异。

文学艺术中永恒的主题是爱情——其实就是男人和女人永不落幕的相遇和纠缠。

男人创立天下(无论多大或多小,反正他们都会抖抖肩膀上的大氅自称天下),选择女人辅佐其所创立的天下——使得这个帐篷里有子嗣、有热水浴、有美味的食物及其他的享受,保证帐篷屹立、有光芒,根基愈来愈深,宅容愈来愈大。

女人是被选择的那一个。既然是被选来的,则具有从属性,从属者最基本的模样——低眉顺眼、一万个屈服,而且基因要好,即家世。还要勤劳节俭,将自身功效发扬光大——母性、妻性、奴性,从始至终不可动摇及懈怠,叫作本分。于是可以被称赞,加以冠冕。若稍有反抗,或在迷惘的泪水中寻找自我,则——男人可行使拳脚暴力或者情感的冷暴力,打压,使之屈服。若果真不称职,逐之。

男人和女人携手走在公共场合,则深情对视,称呼对方为生命伴侣。这都是人间的法则。大家如此遵循就是了,相当于走 T 台的闪耀。

一个男人追求一个女人。若女人立刻响应,则男人很愿意放弃这个当时的刹那心动——女人不矜持,则说明她本身无价值,急于攀附一个男人。另一个放弃的原因,女人的心灵城堡或者躯体城堡容易被攻入,透露出这个女人有轻浮的本性,倘若娶回家,会有未来出轨的潜在危险。所以,很多通晓这个逻辑事理的女人学会了即使动心也不显露的本领,于是顺利俘获猎人,并假装这个猎人就是猎人,但其实——猎人已经是猎物。于是现今时代有了很多男女较量的情感分析书,详细教授兵法。那使用调包计使得猎人成为猎物的女人,也便有了别名——狐媚子、妖孽、祸水。

男人追求女人,得到女人,然后是可以抛弃女人的,理由就是《西厢记》里张生为自己的辩护:予之德不足以胜妖孽,是用忍情。而崔莺莺果真贤德,对曰:始乱之,终弃之,固其宜也。愚不敢恨。

所以女人不可如崔莺莺的体质:激情过于盛大。否则结局必溃败。

当一个帐篷里的物质来源也来自女人的亲手捧回家(这个女人不仅为妻、为母、为差役,也能像男人一样赚取钞票回来),则女人渐渐有了王者风范,于是帐篷里的男人不敢任意使用俯视者的优越权利。但是万千年来，女人已经被教化成为仰视者，若对方的魅力愈来愈无法令其仰视，则女人内心火起，便觉得不痛快。她们说：婚姻平淡如木头。而已经没有"天下是我打来的"优越性的男人，一旦按照惯性自以为是地行使起掌控权，则女人会大吃一惊——你何来的资本？竟然对我不平等！她们会在心里这样想，并在现实中针锋相对。人间的婚姻里多怨恨。强弱、弱强、强强、弱弱，是一场拉锯战。

好的婚姻当然有。张爱玲和赖雅，林徽因和梁思成，许广平和鲁迅。当两个人都有奉献精神、具有恩慈之心，如此相守在一起，感情关系才能稳定、良好、持续。

好的婚姻，最好的模式：男人遇见一女人，动心，追求（万万不可女追男，自贬的女人，男人不会真心爱惜）；女人评估，果真门第相当、教养相同，不会听见吃饭咂嘴的声音，则颔首应许，同时坚贞，直至走入橄榄枝缠绕的帐篷大门，育子，互相照顾，老去。在从青年到老年的过程中，男人多情的自然属性偶有发作（上帝的设计），女人则轻视之、等待之，因为男人必定回家。终于头发全白，一起带孙儿，回首没有悔恨的一生。

26　　　　　　　　　　　　　　　　　　　　　人心贵重

❦

好的相遇和生发的感情，通常是大于静默的。因为享受其中的"美味"，所以不急于说任何一个话题，只是山来了看山、水来了风满楼，并立于奇妙命运这座小亭子，仅此罢了。

顶顶糟糕的是一种急迫的感情——交浅浅、言多多——几乎第一面或者第二面就已经把前世今生用一个大破筐子盛了，咚地塞到对方的眼前来。

这样的人真诚？非也。这样的人就喜欢省事，用最少的时间，跨入对方的心里，像掠夺式的骑兵，攻城、驻扎：瞧，我的一切都说给你听了，我是多么信任你、喜欢你，你也把你的一切告诉我吧——然后，我们就绑定在一起了。

多么可怕。

最可怕的是，被混卷进来的那个人一开始一定天真地以为来者是多么喜爱她（他），所以才会如此不加保留地一泻千里。却不知道，这只不过是一个人用最廉价的成本获取昂贵感情的惯用伎俩罢了。来者太虚张声势了，来者太有目的性了。

这样说当然很是偏颇。因为我曾经就是一个爱把自己的故事轻易讲给来者听的人。那么我算什么？应该是非常虚弱并急于证明自己的那类人吧——也就是不健康的人。

我想说的是，心灵不健康的人不配收获一份友谊，更不配进入爱情。她（他）这最不好的样子里的自己，适合回家静养，而不是拽住救命稻草，令对方也沉没——其实就是在利用别人的情感能量，塞满自己空虚无力的日子。

又偏颇了吗？但是，感情就是最大的奢侈品、人心是最贵重的，我们怎么可以不遵守缘分的道法，生拉硬拽一个人成为自己的朋友？因为手法粗鄙，结局一定不好，终于成为比陌生人还陌生的过客，而且回味起来还令人皱眉，像是又闻见了那股别扭的味道。

高贵的感情如细腻的丝绸，也如丝滑的巧克力，更是绵长敦厚的葡萄酒——嘘，什么也不说，即使偶然遇见了，因为太喜欢了，于是不忍心惊着对方，蹑手蹑脚地走过——橡木桶里的葡萄酒继续在酒窖里发酵。晚风一遍遍吹，斗转星移、四季轮回，终于到了有一天，缘分令他们并肩而立，共看：落霞与孤鹜齐飞，秋水共长天一色。

你不信有这样的感情当真发生着吗？你不信这才是真正的因缘际会吗？你依然相信友情和爱情都是撞击出来的吗——用明里暗里的攻城略地——那是另一种穷凶恶极。

年轻的时候以为命运是可以争取来的，包括心仪的人。中年以后知道：自己是什么样的人，就只配得到什么样的人——所以你若想拥有那个德才貌趣兼备的人，你就先要有德才貌趣。

拒绝廉价的感情路径，学会静坐一隅——我的女儿们，你们一定比我更自信、更有判断力。

渣男中的一种：冷不丁杀了过来，登门拜访，如那胡兰成的自以为是，其实内心又险要、又冷酷。此人长身玉立，话出两个主题：一是如何地敬慕你已久——几乎是诗经里的《蒹葭》了；二是抖搂出自己的经年往事，树立起一个传奇的自己——几乎是《儿女英雄传》了。但凡这样的男人出现了，请低头默写一百遍"渣"这个字。为什么渣？你会问。因为他在用手段走情感的捷径。而人心的旅途从来就没有捷径。真的感情一定是讲礼义廉耻的，是羞怯的，是在时间的长河里沉沦却不觉得"时不我待"的，因为这个陪伴和等候的漫长时间于他恰恰是死心塌地的享受呢。那种小跑着就来占地的男人通常只是为实验一下自己的魅力有多大。实验成功后就全身而退，去他处继续实验去了。即使是张爱玲这样的女子，也成了胡的炮灰。

渣女中的一种：她的友谊可以兵分十八路，每一个路数都是一样的，每一个路上的热情都是一样热烈的，那十八路上被她争取友谊的对象，某天聚在一起一对证，一样的！十八个一样的她，奔走在十八条友谊的道路上，她虽气喘细细像是太爱了所以不能自已，但是请注意她的眼神——飘忽艰涩，因为演戏其实很累。在她这里，友谊如同工具，生冷、长得一模一样、在十八个人身上都能够得到利益，这个是一致的。

我自己就是被渣男和渣女攻城略地过的炮灰，所以灰头土脸地写下以上的文字。

27 那从天而降的爱情

来，我们梳理一下：当一个男人向一个女人表示了他的喜欢，或者说"肯定"，更准确些——择为偶，这也就意味着女人"被选择"了。女人可以接受或者拒绝。那么，最危险的时刻到来了，当女人按下接受键，她将面临一个比较复杂的局面、交织叠错的心灵感受——

她的暗喜，因为她被一个她也赞成的人肯定了，这意味着她本身是有魅力的；她的壮大，她终于不是孤军行旅了（作为女性，她出生那一日就是人类中相对弱的那一方），她将迎来一个与强联合的新时代（男性的到来就像给她的脊梁上安了一块铁）；她发现再往前走，就会进入婚姻的石膏刷金的宫殿里，她变成了几乎是一个女仆的角色（弯着腰团团转于斗室）——她的脸色日益蜡黄，眉间有了忧郁和皱纹，甚至有了喋喋的怨恨，终于成了宝玉口中的鱼眼珠子；她继续往前走，成了生育和养育者，她感受到了最初的被选择的目光里其实有冷静的审视——是的，她被男人的基因无情地审查过——这是一个最合适该男传宗接代的女人——她的基因不错，基本符合某种不太自知的认定，她的条件基本可以为男人攫取为妻,并在所能及的掌控内高得无力摘取。是的,这就是她了——她在多年以后,甚至也就是两三年之后就会清醒地意识到,她当年是被挑选来的——至纯的爱情?不,与那个无关。

这很合情合理,人生伴侣果真具有唯一性,那么就需要耐心地等待,默默地在心里否定、否定、否定,直到肯定(只有男性有选择权,也就是求婚权)。

但是,爱情是另一回事——真的爱情没有冷静的审视一说——是瞬间的电光石火,是从天而降的两个人致命的吸引力,无他。

我并不是在误导你们,令你们对那庄重的、冷静的婚姻感到怀疑。我只是想让你们知道一个真相——当一个男人拣选你为妻,请不要狂喜并以为那就是爱,也许那不是爱——那只是基因的抉择——你是他的最佳的基因搭档。

如果你是一个自信的、优秀的女子,你值得拥有的不仅仅是基因的拍档这个"非桂冠",你应该拥有的是爱情加基因双重的组合,这才够愉快和坚固。

一个内心生发出无比缱绻的爱之意的男人会怎样对待你呢?他不仅娶你为妻——这个是其次的;先声夺人的是他因为爱情而爆发出只有"奉献者"才能够散发出的光芒——他卷起袖子,如你的父、你的兄,投入二人的爱融合后新生的命运里——他有那么多的爱和力量,给你们自己,也给这个广大的世界。你们因为爱情而成为更加有德的人,你们是人类中的盐和光。

我见过太多拥有乌云压阵气场的人妻,只见过一至两个像百灵鸟一般快乐的人妻。所以请牢记,有如下说辞的男人当然不一定就是真爱,那是基因在说话:

我都带你见我的朋友和父母了,我当然是爱你的。

我都决定娶你了,我当然是爱你的。

我一心想要一个我们俩的孩子,我当然是爱你的。

…………

为了你们也能像百灵鸟般轻快喜悦地过一生,请千万要相信爱情——那从天而降,那如父如兄,那光亮、温暖、喜悦。求你们,别做任何人的工具,别贪图任何一种表象和假象。

来,让我们再来梳理一遍。一个女性,如果命运够好,则她在童年就遵循心灵的指引启发出了对某一种做派的兴趣,到了少年时代则越发清晰为对某个职业领域的瞭望。当她步入青年时代(十八岁至二十二岁),则在大学里攻习专门课程,并有机会开始社会实践活动,逐步渗透入该领域——领悟和见识、操作和探索,亲自撰写实践后的论文。此时,她几乎是一个准职业女性了,同时,她在多年来良好的教育里树立起正确的三观。

不,光这样依然不够,如果她一出生就含着金钥匙,她会飞去国外,在苍茫大海的另外一片热土,继续深造、硕士、博士、博士后。三十岁之前,她已经具有国际范儿、学者气质,她大脑睿智,修养良好,生活体面,善良而有情趣地活着。

现在,如果有什么飞来事件具有足够的打击力来击垮这个命运的骄子,那几乎可以立刻判断为只能是"失败的爱情"这件事——

如父如兄般专一的爱情究竟存在吗?如果不存在呢?如果真相是完全的反转呢?你接受现实吗?如果每一个男人都在等待着或者正在进行着出轨这件事,如果爱情的信仰在男人那里是另一回事——比如耸耸肩这个姿态……那么,这个把自己武装得很好的女性,她会坍塌吗?

据说，宇宙到了最末了就是一个瘪瘪的、坍塌了的、像一只大脚踩过的纸盒子。如果每一个女性到了最后都是一个瘪瘪的、坍塌了的纸盒子，以很难看的样子苟活、沉默……

所以，为了避免被一只意外的大脚踩扁，我们认真地梳理一下吧——如何最大化规避小舟被覆的凶险。首先，永远不要失去自我，永远以晨练的姿态，在你热爱的职业绿荫道下向前奔跑，你将建立起一座自我的王国，它忠心地庇护你，是你的度假岛，也是避难地。其次，要爱世界上更多的事情、更多的人，而不仅仅是亲情和爱情——那样则太自私。你所付出的宽广的爱、你培养起来的爱的能力，最终这些爱会回馈你、保护你，令你温暖、充实、坚强。再次，和男性平等地交往，用你最真实的样子，而不是依附和乞怜。你敬我一尺、我还你一丈，你负我，爱的合约即刻终止；如果双方都不舍，那就重新再来。

逻辑是这样的：你够强大，则你会冷静；你越冷静，就越有涵养，则世间没有什么"猝不及防"能够真正伤害到你。我们都不可以做《万箭穿心》里的李宝莉，那是弱者的暴躁和哭泣，一生尽毁。

如果你真的爱一个男人，这个男人也果真懂你、欣赏你、爱你，但是这个男人在被造出的时候就被上帝把滥情二字镌刻在了他的骨头上，则你依然可以勇敢地与他继续相爱——每一个在大海里游出很远的男人，最终都会回来（如果他心里很明确你就是他一直懂得、欣赏并爱的人）——这也是上帝制定的一个军规，上帝似乎在故意用各种悖谬打磨我们——凿玉，最终剔出华光来。

张爱玲不到三十岁的时候就说出世故的话：女人还能碰见什么呢，无非是男人。

张爱玲根本就不是世故的人，一个胡兰成就令她萎谢了，可见她对于出门去遇见男人这件事并没有多大兴趣。她向来只喜欢嘴上的冷嘲热讽,其实她的心火热而端正。

一个男人说:遇见爱,遇见性,都是好的,为什么要责难呢?

虽然我抗议这样的言论,且自己也绝不会去践行,但我却不能说这个男人世故,倒觉得他天真顽皮。把上帝的用心研习清楚了,世间事都可云淡风轻。

28 一定要幸福啊

看《深夜食堂》，有一集里的一句台词很美好：一定要幸福啊。

很多人也这样说，但很容易就流俗了。这句话有魔力，它天生有抵御俗气的自洁能力——没有深情和真情，这句话根本就说不出口；就算嬉笑着说出来，也变了味道；说的人自己听了都别扭，以后就不会再说了。这是这句话的幸运。它最终剔除了那轻薄之人的擅自使用，留下的是厚朴之人的心灵之语。

很多人已经不会用心灵说话了。他们的俗世价值观令他们浊气逼人，一米到三米远就能辨认出来者是什么级别的混蛋。

其实，不仅仅要得厚而朴，还要用情至深至纯。否则，这句话一定说不好。

一定要幸福啊。你在心里说一遍。还品出来了——善良、祈愿、眷念……

还有一个重要的词语：放飞。父母亲对成年后离家的孩子、相爱的人江湖远走、弱小的猫儿在灌木丛中隐迹……

只此一生，却不能朝夕陪伴，甚至不得不彼此转身，唯愿对方珍重,好好地在这个世界上活着……

那么,一定要幸福啊。独自在一种命运里,旅途悠长,即使道路不繁华,也要活出一种至美的精彩,这向内的张力,这真正的幸福。

家兄总说要看三宝的近影——在大武汉的酷暑里,三宝大咧咧地睡午觉,那微睁的眼睛,是何等的老江湖啊。

显然,它做到了我们对它的祝福。幸福是一种能力,更是一种坚强。

29 暴富者的轻狂，
亦是落魄

曾经在飞机上看见一个男子把穿着黑皮鞋的大脚抵在前排座椅的后背上。那双黑皮鞋的鞋底接缝处和后跟积满了灰尘，他就这么忽而左二郎腿、忽而右二郎腿，毫不留情地把鞋子抵在布面上。下飞机回家，第一件大事是赶紧告诉女儿，有这样细节的男生万万不可以要哦——因为这样的人对世间万物不怀有恭敬感恩之情，所以一定薄情。

在电梯间可以看见有人用钥匙、用雨伞尖、用书的一角，戳电梯的楼层。也有人——尤其是女孩子，会急吼吼地用食指在关门键上戳七八下，好像有追杀的人就要到来。也会告诉女儿，这样的动作都不可以有哦——因为活得慌张和草率，显出了落魄。

落魄并不特指家族萧条、财富锐减、运势不畅。落魄的气象也可以落在很富裕或者很有地位的人身上。落魄是因为心中的贪婪和焦躁大于面对生活本该持有的恬淡无欲态度。十多年前我在北京，从居住的南六环赶到北三环见虹影女士和她的朋友。虹影打量我后说，一个一无所有的女孩子奔波了大半个北京城，公交车倒换地铁，但衣着和气色就像刚刚从附近的某一个大楼里踱步而出……她的这番夸奖，我简直是可以记一辈子的。我想，这就是清贫的人也可以是非落魄者的意思了。

细节抵达本质。所以在多年前会和一个女孩子不再来往。也许是我太较真吧，看见她在任何场所都如女王亲临、指挥得服务员团团转，我对她的喜爱就黯淡了下来，直至后来不再联系，成为陌路。她是抱着疑问来找过我的，我却什么也说不出来。因为她不是我的女儿，我没有权利指责或者纠正。所以也要告诉我的女儿们，真正的女王其实是谨慎体贴、富有亲和力和同情心的。这就是教养的意思了。暴富者的轻狂，亦是落魄。

平生有一戒：不和落魄者来往。其实是指不和贪婪的人来往。许多把自己活得非常落魄的人，你看他们所拥有的财富，并不是少的。但是他们不快乐，充满心机地在中国大地上走来走去，用明暗规则谋算着胜利之后的胜利、最大的胜利，于是心不宁、神不定。和这样的人来往，他们漂浮的目光、摇动的心思、慌乱的举止，都会令一个比较清白的人疑惑和难安。

30　　　　　　　　　　　　　　　细节抵达本质

❦

　　一个女子从国外做访问学者归来，对我们说：老外真脏，一张餐巾纸握在手心里，饭都吃完了还不丢掉……就那么一张，用来用去，脏兮兮的！

　　这个女子非常精致，眉毛是眉毛，嘴唇是嘴唇，脖颈是脖颈，脚踝是脚踝，很讲究地伸出胳膊取餐巾纸，弱柳扶风地连抽了四下，然后压在胳膊底下，过一会儿掉到地上两张，她手里有一张，另外一张和垃圾混迹在了一起，被服务员一并收走。是的，三张报废。

　　我微笑着听她说话，看她红唇烈焰的满满自信，脑海里飘过六个大字：绝交绝交绝交。

　　我有绝交的毛病，这真的不好。但再交往下去，就会和她讲餐巾纸的道理了。既然价值观相背离，不如微笑着说再见——再不见面。

　　但我其实并不孤单啊。绝交了十次也没有分开的，就永远在身边了。三十年来也积攒了几个一辈子的朋友。李嘉诚说，人这一生能有一到两个知己就很不易了。从来不忍心对我的翅膀说绝交这两个字——即使她有时脾气挺厉害呢。但她多么朴素，朴素中见精致。精致二字真是被奢侈品一族和淘宝一族糟蹋很多年了。

担心女儿们走上社会后有惹人讨厌的细节，于是早几年就嘱咐她们生活中不可马虎的小细节。卫生间的纸只能两小节两小节地撕开。洗手后尽量不要用擦手的厚纸，风干即可，不急那一两分钟；如果非要用，抽一张即可，那种刷刷抽两张的女生，老板和旁人听到时心里就已经不喜欢了。如果是大桌聚会，不要温良贤淑地给每个人抽两三张抽纸，需要用的人自然会去取，抽多了压在胳膊底下很容易就浪费了。用手帕纸的时候，和同伴撕开一张就足够用了。夜里吃剩的米饭一定要用保鲜盒放入冰箱，第二天做泡饭用，千万不要因为大米便宜而任由它们在电饭煲里变味后被丢弃。

纸张啊、大米啊、水啊、电啊、塑料袋啊，虽然都是生活中很便宜的资源，但也不能由着它们被浪费。如果是最后一个下班离开，办公室和楼道里及卫生间里的灯，一定要逐一关闭——虽然有物业管理人员会操心这些事。灯火通明四字，应该令人心疼。

你是一个低碳环保的人吗？你果然是地球上的一个大害虫吗？既然作为人，我们果真就是地球上的大害虫——人类令这个星球上的生灵百分之九十被毁、被伤、被迫逃亡，这就是证据——那么对资源有恭敬心的人，才是立地成佛者呢。

那一年夏天，和诤友一起去艾蒿的荒野游玩。野餐后的食物，诤友仔细地把肉和骨头挑选出来放在一个敞亮的地方，他说，鹰会来吃。又把瓜皮放在另一个敞亮的地方，他说，牛和羊会来吃。吃剩的馕单独包好，他说，我夜里吃。其余的垃圾装了满满三个袋子，放进车后备箱，带回城里的垃圾箱。我们离开后的草地，就像我们的心灵一样坦然、健康。

生活垃圾分类，至今无法普及和深入。有一次，妹妹忧心地说，每次就这么把垃圾扔进垃圾箱，心里好难受。

剩饭菜里的骨头和肉可以挑选出来，用水冲洗干净，夜里跑步的时候放到僻静的草丛里，流浪的"毛孩子"会闻见来吃。这些都是令自己内心安宁喜悦的做法。

把一张餐巾纸都用到极致的人，哪里能用"脏兮兮"来形容呢，那是一个慈悲者。

一个很会居家收纳的日本妇女告诉大家，把断舍离的东西干净地带到回收区，放下之后要认真地说一声谢谢——谢谢曾经的陪伴和被我们使用，现在不得已要说再见了，但是感谢的心情一定要告诉它们。

这就是正确的资源使用观。

31 / 不可假笑

▼

"伸手不打笑脸人"。如此家训在中国大地上有多少代了？当我们还沉湎在礼节性笑容的每每演出、并自认为十分得体而自我点赞的时候，却应该去看看十九世纪下半叶的契诃夫在他的小说中是怎样描绘一个虚伪谄媚的人的样子——"瘦子握握他的三个指头，一躬到地，像中国人那样嘿嘿笑着。"

"中国人那样的笑"，被形容为笑之一种，这样一说，世界人就都懂了。顶可怕啊。

动物是不笑的（金毛除外），某个哲学家甚至认为：善于各种笑容的人类——笑是低贱的表现。

贪婪（人的共同属性），等于低贱，低贱者善笑（动物中只有人类会笑）。这个逻辑关系如此推理，则严丝合缝了。

契诃夫有句名言：人应当头脑清楚，道德纯洁，身体干净。

一个头脑不清楚、道德不纯洁、身体不干净的人最善于笑——那是一汪浑水，笑隐藏了一切、模糊了一切、混淆了一切……总之，笑的背后站着一颗苍茫的谋算之心和不平之心呢。尤其是当一个胜利者大笑乃至狂笑的时候，溃败这个灵兽已经坚定地启程向此人走来了。

社会交往一定需要笑的在场吗？我看大可不必。头脑清楚的人面对别人，常常是冷静而温和的面容，只偶尔有喜悦在眉梢和唇角，这才是极其正常并得体的。

只有笑脸人才会经营出八面玲珑并十面来风的局面——遵循此种生存哲学的人，腰背渐渐就弯曲了，手常常就伸出来使劲儿地握住对方，说出的话，口远离心一万八千里，哼哼、哈哈、嘿嘿，是频频出现的语气。骨质疏松症，病入膏肓。归根结底是侥幸和投机之心在作祟。

他们的座右铭应该是：我宁愿要天下所有可以得到的机会和安全，也不屑于所谓的"得一知己"。

知己在一起是不怎么笑的。因为正经事是契阔谈䜩——曹操希望贤才到来，彼此久别重逢谈心宴饮，争着诉说治国的道理。

争着诉说做人、做事的道理，哪里有恍惚的神情用来假笑呢？伯牙和子期一个弹琴、一个听曲，也不会假笑。

假笑的人是流动的水、晃动的火焰、飘荡的风，他们眼观六路、耳听八方，该笑则立刻笑——大人见了就放心了：咱的孩子到了社会上不吃亏呢。

关于笑的词语有：笑面虎、奸笑、媚笑、干笑、傻笑。有一个关于笑的词语最好听，那就是微笑。神和天使都是微笑的。微微的一点笑意，端庄而自重，打开怀抱，那是友爱的表示，愿意随时伸出手帮助需要帮助的人——而不是匍匐着去握住大人物绵软的手。

一个常常带着笑的表情四处走动的人，是可疑的。像是随身携带着面具，保护着那具早已失去天真、并不珍贵的真身。

张爱玲说：人生只是一个美丽而苍凉的手势。

三毛也常常是忧郁的——即使她内心奔放而勇敢。

她们都是可以随时舍得和放下的大女子,却从不假笑。

我见过一个初长大的少年,逢人便仰起脸、弄出一整片到位的笑,嘴里浑浑噩噩不知要表达什么,于是更像谄媚或者机械地走过场——打完招呼了事,而不是礼节致意和真情沟通。我内心惊骇:他的母亲是怎样把一个孩子活生生教坏的?

正如契诃夫在上上个世纪说的,露出了那种中国人式的笑。

祥夫先生的文里曾说,女人凡事合情、合理、合适,就是好的。

我觉得孩子们凡事不卑不亢、自自然然、真诚并规矩,就是好的。

脊梁骨,直起来!

规矩则是第一要义:知道自己究竟是谁,喜欢怎样过活,什么样的打扮最体现自己的气概,能够为社会和他人奉献什么,遇见真理或糟粕能够辨识,敢于承担自己的命运……

这样就杜绝了被庸碌的父母教坏。

女孩子就一定要爱笑并嘴甜?就一定要眼疾手快比女仆还专业?就可以放弃尊严和真诚于是混淆远近亲疏假以无分别心?

见了任何人都咧嘴一笑,这真是最没有尊严的样子了。

金星说她和汉斯确定了恋人关系后吃饭,她很贤良地站起坐下,端茶布菜。汉斯生气了,他说,每个人都是自主独立的,人和人之间是平等的,我不需要你伺候,我更不喜欢看见你这个样子。

我也不喜欢我的女儿们有一天走上社会后,莫名其妙地为一桌人当服务生。

如果我们是客人,就认真享受做客的轻松愉快,客随主便就是了。如果我们是主人,就做好充分的待客准备,从容自如,而不是扎在厨房里蓬头垢面地炒菜,迟迟不出来。

我初来武汉的时候,有一次吃饭时为了显得自己朴实勤劳,于是挨个斟茶。有人拦住了我,他说,这不是你做的事。

我也会早早就拦住我的女儿们——切勿谄笑,更不可提着茶壶满桌子绕圈。人和人之间一定是平等的,自自然然、真真诚诚往来就好。

我家笑笑和苗苗都是倨傲的好孩子。是的,倨傲这个词语到了这篇文字里的性质,真是美德。

我曾经在吃饭的时候被一位比女仆还专业的女孩照顾过,多年以后回忆,还是一头热汗、内心烦躁。我这么一说,就被人指责,说我不感恩。荒谬的理论不仅把小孩教坏,也令大人抓狂。

32 即使是一名清贫少女

送给少女的成年礼物应该是一个朴素中见精致的钱包,里面搁入五百元大钞。这意味着小小少女终于开始向未来要胜任"主持家庭日常的妇女"这个职务迈进了一步——她必须要学会与"万恶的"金钱打交道,并宠辱不惊于命运赋予她的或清贫、或富足的各阶段性的旅程。

在实践中锻炼的不仅是照管自己的能力、理财能力,还有消费判断能力,以及心理调控能力。而作为家长的大人应该懂得的首要真理是:与其让你的孩子在捉襟见肘中跌跌撞撞于社会,不如在慷慨的援助中教会孩子们体面而淡定的生活能力。

这慷慨的援助对大人的好处是:时时加强着大人们的责任感,从而更加努力地做一个全面上进的人。因为你的奋进不仅仅是为了自己的理想,还是在为孩儿们、老人们和猫儿们打拼呢。

有一个男子热衷于炒股和赌博,而且善于饮酒欢聚。某年,他用卡里的剩余存款为自己购买了一块瑞士手表,并戴着明晃晃的表钻进了一家海鲜酒楼大吃一顿。当他再次站在大街上的时候,一贫如洗。他得意地说,这就是我的勇敢——先死后生,不破不立。

所谓穷凶极恶,大抵也包含上面这个活生生的例子吧。他有两个儿子、一个失业在家的太太、年高的父母、一个智障的哥哥。看!人渣之一种的男人,女孩子们千万不要被这样一种果决力或曰江湖魅力带到沟里。

把钱用好的确是一门学问。首先要谨守的准则是:不需要的物品不要因为促销活动而购买回家。这种行为有三个弊端:一是令生活累赘从而杂乱;二是促销的低质量商品令生活品质下降;三是不能锻炼出一颗大气并讲究的心胸。只买需要的、对的,生活目标明确且简单,于是从容。试想一下,一大盒酸奶为促销而捆绑的一个塑料大碗或者玻璃杯子或者薄薄的不锈钢小盆,这些免费的、但也令生活充满颓废气息的物品,令你眼前一亮了吗?因促销而带了许多酸奶回家,令你觉得幸福了吗?其实,只买适量的酸奶、宁愿不要赠品,此种行为才是理智的。

要使得每个月的钱能够在计划的掌控中、不出现透支现象,有一个要诀是:管理好已经拥有的生活物品——衣装的恒定搭配,日用品的不浪费,冰箱里的食物的有序取用。在这三方面做到了娴熟的规律性,则不会出现冲动消费及大量浪费的状况。

另一个要诀是:杜绝一切只为欢饮的社交活动,而把精力和金钱精准地用在责任上,用在和挚友以及需要帮助和感谢的人的来往中。

一个清洁有序、内心有准则的人的脸上会散发出淡定干净的光芒;一个奔波于社交大舞台的人的周身荡漾着紊乱的微电波。前者是正能量,后者为负能量。

时代在进步,人人都将远离负能量过多者。所以,不要害怕不在热闹中——圈子是世界上最容易溃败的产物,因为它的建设前提并非是彼此懂得和欣赏并以信义之心作为生长的指导。

在从少年走向青年的这段时光里,千万不要背负着"他日吾必努力赚钱谢父母大人"这样的思想包袱和宏大志愿。事业是一生的热爱,而非获得金钱的路径。同理,如果父母将对孩子的慈爱付出之心换算成一种价位,并以偿还的多少作为验证儿女孝顺之心的指标,亦是愚蠢的,而且还会摧残青年一代树立正确的事业理想观。

要培养对品牌打折商品的关注之心。食品在保质期内,哪怕将近保质期;衣物只要简约大方、色彩典雅,则永不会过时——这两种情况,即使一折也可以选择。家居物品首要原则是远离低廉者,在能够承担的消费水平内选择坚固经典者。举例来说,一个带来美的享受且烧制讲究、无有害物质添加物的盘子,能够使用一辈子,对比一个造型粗糙、来历不明、花色俗气的盘子,后者的使用令人无法生发喜爱和郑重之情,几年后终将被淘汰。就使用率和性价比的综合考量,则相对较贵的盘子"更便宜"。

质地,永远是金钱使用的去处。一个四十支纱的普通棉布被套和一个六十支纱的贡缎棉被套,价格相差大约是八十元,但后者因工艺的优良而经久耐用,且在每一次的使用中都令人享受到了品质带来的愉快感。同样是使用率和性价比的综合考量,则六十支纱的贡缎棉更划算。

所以,未来必然会成为"主持家庭日常的妇女"的今日的小小少女,莫要追求浮华,也莫要对自己敷衍潦草,要善于学习,做一个生活的杂家,懂得有些品牌的产品几乎可以用一辈子这基本的商品信息。懂得了这些看似不是学问的学问,才会认真做一个奋进的人、有序的人、有自我定律和要求的人,才会给一个家庭营造结实干练并富有美感的生活氛围,更会在事业上兢兢业业,因为她早已谙懂——唯有拥有了世道公心所肯定的品质才能够胜出。

即使少女时代的我们已然就是一个清贫者,但并不妨碍我们在广博的知识吸纳中建设起清晰、正确的金钱使用观。

33　　　　切勿堕入皮囊的虚幻

❦

面部整形，意味着你将失去百分之几的表情。像一个石膏像那样的人——一个失去了百分之几的灵性和自然性以及可爱性的人——你愿意做吗？

只有塑造灵魂的手术刀才是真正的美容刀。你的面容里的每一个细节都在暴露你就是一个怎样的人——即使后天得了所谓完美的整容。

一个男人，他有着与另一个男人一样的笑声，那是从嗓子里发出的咳咳吼吼之声——放肆和克制、轻薄和市侩、清醒和狡诈的混合。这笑声令人警觉，因为很像一个从前见过的男人的笑。那个男人是个坏男人。则由此推理，必须提防眼前的这个男人。

善有善的共通特征，恶有恶的共通特征。断定一个人的真实面目，用经验即可。不好的心，锻造出来的人的特征也能是一样的。若从来不去修正心灵，却忙于表象的打理，细节所传达的依然是"不美"。

这也意味着若心灵修正得好，面容和言行举止就会善美大方，且是由内到外的，令人视之产生信赖和敬重的感情。所以，为什么一个成年人会懂得似亲情这样的感情最牢靠，而且也是最令人满意并值得拥有的?就是因为"信赖"二字。它甚至早已大于"爱情"二字的内涵。

信赖,这个词语有两层含义——信仰和依赖。把爱或友谊看作信仰,彼此在岁月中几乎连为一个生命体。因此,信赖的前提是在因缘际会里遇见、互为爱慕,并遵循了这个缘分,在多年的切切交往中经历过一次又一次的价值观和脾性的考验,形成默契,从此不可分开。

如果锋利的手术刀让你失去百分之几本来的样子,你将如何传递出那个最真实的自己——给命定里应该信赖的来者?当然,也不至于偏颇至此,病理所需的整形手术不在讨论范围。

自然本真的我们,若为追求流行时尚里对五官的要求,便有了两个风险:一是流行的对美的认定总会过时,二是面部神经的易受损所带来的不可挽回的后果。

若一个年轻的女子在最应该培养知识钻研心和对万事万物怀有爱心的年华里,忙于用手术刀削刮自己,她便已经离"知性"这个气质越来越远了。唯有知性的美才是坚牢的。

整容的女子其实是不自信的。那是一种心理欠缺,也是一种灵魂的虚空,且追逐的是一场又一场的空茫。她们把外相的美当成了信仰和依赖,并以为整容是一个可以胜利的筹码。当感情里放入了筹码,便已经成为游戏——而游戏永远是短暂的。

在你的这一世里,那个来者一定会到来,他心心念念遇见的必定是你的本来样子——从容的你、不伪饰的你。即使我们五官朴实,无峭拔的鼻梁骨和横入云鬓的水汪汪的大眼睛,而且从未有华丽的绸缎和裘皮加身,那个对的人也不失约——因为他是对的。他甚至是男子里最优秀的,却怀着满眼满心的深情和认同向你走来。

这都是人生这堂大课告诉我们的经验。莫要到了中年才吃惊地发现：终究会松懈下来的皮囊里的我们已无端庄肃穆之心。李叔同说：常习旧庄严。可见，庄严是人最该有的样子。

本来就美的人自然无须整容，但若不警醒于常常修心，也会堕入皮囊的幻世。

书籍和爱都是我们最好的朋友，它们是灵魂的手术刀，于星移斗转中耐心地打磨出有光芒的我们。这样的人在很老的时候，也拥有彻骨的清洁感，并终其一生都会踏踏实实地相信爱、奉献爱。

34　　自律

❦

人本无高低贵贱之分。天地玄黄里诞生的一个小小儿，谁是他（她）的父母？稚嫩的足踩在大地上，跑起来——我是谁？我从哪里来？我要去哪里？

所以说，谁不是草莽出身？

在现实中，一个人和另一个人的内涵差距，并非由出身来决定。只有市侩之人才会沾沾自喜于所谓的皇亲血脉——那能抖落二两土的外延往事。

两个人有高下之分，则在于智商、情商和自律。

其实，自律应该排第一。听说一个女生在整个大学的四年里只去过一次图书馆。听说另一个女生在整个大学的四年里选修了第二专业——女性学，并用第一专业（英语）查阅大量资料，完成了自设的研究论文，之后报考了波士顿大学的电影学硕士，她要研究世界电影中出现的"第二性"（女性）经典人物。

两个女生相比，后者已完成了自我的定位认知、独立思维能力和探索精神的基石培养。前者则浑浑噩噩、目标模糊，对于将来的事业和家庭也会是同样的状态——越活越局限，并把这种状态传递给后代——得过且过的小妇人如何能做出好的表率和指导呢？

自律和勤奋这两个品质是紧密相连的。

一个人智商、情商略差，但知耻、好学，则笨鸟亦可以先抵达。

一个人起点低，但若在自律的鞭策下孜孜进取，不被虚荣打败、克服胆怯和自卑，就能够塑造强我。

所以，将两个人最终分出高下的是——自律精神的有无和强弱。

那个奔跑在风中的孩子——你长大后想要从事什么样的职业？锻造出怎样的风骨？你想成为一个于社会有益处的人吗？你懂得充实饱满的人生的愉快感和坚强感吗？

自律，从很小的事情入手。用五秒钟打量一个人，基本可以探知他（她）的心灵的底细。观察此人手中的水杯。若结满茶垢、杯盖蒙灰，则此人内心焦躁、大脑混乱，或者已然丢弃了不断焕发自身活力和创造力这个看似辛劳但能够令人成长的本事。观察指甲。长的、脏的。观察屋子里的门把手、墙上的开关、电脑键盘、镜面、空调遥控器……这些物件是否布满污渍。观察一盆花的打理是否规律悉心，观察一块抹布是否干净并叠放整齐。

他（她）所处的环境的样貌，就是他（她）心灵的真实样貌。

颓丧——消极；满不在乎——无信义；甘于被灰尘和污物淹没——野心勃勃却不修炼自身，这种人通常会轻视日常，周身散发出欲望的粗鄙和丑陋。

自律的人，安静而专注，大脑从不止息，他（她）的目光远眺的是整个宇宙，充分思考着人性的逻辑——那些伟大的品格、那些低贱的品格，当做的、不当做的。

在职业上取得稳定成功的人，对生活的态度总是谦和的、有序的、洁净的。这是最起码的自律规范。

35

友谊

1

我在背包里装了三个比月亮大的乌鲁木齐馕和一盒新雀舌，步行三公里到盘龙城地铁站，然后坐到后湖地铁站。

倩茜会在这里和我碰头，她抱着一包来自十堰的葛根粉。

我们都戴着口罩，彼此淡淡的。因为每天在微信上说话：我瘦了、我烦了、我写的你看看、我要去贝加尔湖、我要去塞尔维亚……

所以见了面就没话了。

天地清明，她小巧如鹿，眼神机警；我在她的鼓励下，七十天里瘦了一大圈，失去大妈气质，眼神亦机警。

交接货物完毕。

那么再见吧，人多危险。

我们各自一回到家又开始在微信上热切地说话：馕蘸芝麻酱或者果酱，配奶茶或者豆浆吃哦；葛根粉最适合清肠；今晚月亮好大好黄，我刚才一路看着走回家的。

2

反正就翻脸了。在疫情最严重的时候,大家都忙着抗疫,我们却因为一个莫须有的文学现场,各执一词。此事比天大。

他即使翻脸也是温和的:那么以后我不给你打电话了。

我说:那么立刻互删。

然后就天地清明了。

我擦着地板时心里想:瞧,我根本没想他。

这一天,我坐在灿烂春光里沏茶喝,突然起意给他打电话。

他接起来说:今天一个月整,哼哼。

我说:那么微信怎么加回来呢?

他告诉我一个号码。

我们就恢复了十年友谊,又像从前那样大说大笑。我说夏天一定要回来。他说伊犁河边的锡伯炖鱼太贵,一顿下来要八九百,不如来家你嫂子炖给你们吃。

听见这话,我又想和他互删——他怎么就不理解:在巨大沙枣树下看着翻波浪的大河吃鱼,是在完成着思乡。

那一个月的互删算什么呢?或者只不过就是暂歇——十年的友谊也会累,然后有一天休整完毕了再重启,仅此而已。

3

写草原之子,写到额尔齐斯河谷里的浮桥,就写到了我的发小。他是我的小学同桌,是我在布尔津最好的朋友之一。

从前我们有四个,玉慧、兆明、我、他,在每个暑假都结伴骑车往北河森林去。

现在就在微信里和他说话。他还是那个脾性,淡淡的、柔和的。

他一直都在属于我们四个少年的布尔津光阴里。

有一年我回布尔津,他正好买了摩托车,我们每天出发,布尔津的东西南北全去了。他的未婚妻和妹妹都哀怨地说:他对你啊,比对我们好。

我讷讷答:我们是小学同桌哦,这都多少年了。

是的,我们九岁就认识了。他坐在我旁边,我试着打了一下他越过"三八线"的胳膊,他没有反击。于是我就一直拥有打他胳膊的权利。

我们初中也是同学,然后就四散了——但也不是,我们四个,一直都在。

4

白羊座的女孩是清澈光明、天真飒爽的。如果我是男孩子,我只能爱上白羊女孩。我不能爱上的是天蝎女——睚眦必报的冷郁美人。

你知道那种深一点儿的小溪吧?就是那种并不危险的渠,渠水闪闪亮亮地欢欣流淌。白羊女孩就是这样的。她们不是浩瀚的大河,但也不会是薄薄的小溪。

对了,孝庄皇后就是白羊女。

我是天平女,拥有莫名其妙的爱和愤怒。如果我保持住了平静,我会是命运的优秀舵手。如果不能呢?那会很消耗我。所以我渐渐地就学乖了,为了拥有一个简单优质的人生,我懂得了宽厚和克制。

翅膀每年的生日,对于我来说就是一个节日。我在这一天的一大早问候她、祝福她,给她发红包。

我喜欢她活在爱中——快乐地活在爱中。她惊喜的时候,发出的声音是金色的。

有一年我回乌鲁木齐，吃了我俩十年的"固定节目"——奶油芥末牛排，我们在最繁华的大十字商业街慢慢走。天很冷，她陪我看和田玉，她趴在玻璃柜台上喊我过去的样子，至今在眼前。她的皮肤很白，白得发光，眼睛是灰棕色的，她的唇角永远是笑着的。我们觉得很快活，忘记了阴霾化雪的湿冷。

后来，我说要给她买一双高跟鞋。她试啊试，大概试了有二十双，终于遇见了很喜欢、很舒服的。她说，明晚的茶会就穿新鞋，把她们震一下。

茶会是哈萨克女孩的一种小团体活动，一般一个月一次，大家轮流做东。东家张罗点心、茶和简餐。来客要凑份子，东家收钱。也就是说，做东家的那个女孩，在那个月是一个小小的富翁。

其实也不能够成为富翁的。不过翅膀活在开心里，这真好。

但是有一天，她参加完茶会给我打电话，她说她一晚上都没怎么笑，因为她突然感到无聊——她对泛泛的社交没兴趣了，她要的是心灵之交。

我做她的听者。我知道，以后的茶会，她依然是要参加的。我也知道，她是活在真实里的。我们不虚妄，这真好。

我回去，每次见她这么一面，吃了，说话了，逛街了，然后就挥手再见——我又去中国大地上荡来荡去，寻找着，等待着……

5

西洲在巢湖一个变电企业做内刊编辑的那年，我在大兴大白楼村一个大院里做出版编辑。

那一年，我一想她，就好像看见巢湖静卧在一片湖里，那湖边的芦苇丛生摇荡，大风起兮，湿润凉冷。

我仿佛总能看见西洲在大湖芦苇荡里独自跑来跑去，我给她的快递她很难收到，她总是到处找。

我对西洲说，你不要在巢湖了，你回伊犁吧。

——回去干什么呢？

——回去考出版职称。

西洲很听话，她又待了一年，回伊犁了。我于是就放心了。我再想她，就好像看见伊犁的蓝天和金太阳，她舒缓地走路、大笑，她的牙齿又白又整齐。

这都是十年前的事情了。

我从前和现在，只要想到回伊犁，就想走进西洲的屋子。我风尘仆仆地放下行李，洗个澡，然后大睡。

我什么也不会想。西洲养了一飘窗的花，开得多好啊。她的声音真好听。我一听见她的声音，就知道现世何其安稳。

有一年我回伊犁，拿着西洲给我的她家的钥匙。

我一个人进屋，放下西洲在鲁院学习的时候置办的一干日本瓷器。然后我洗澡、睡觉，直睡到黄昏到来。

我对西洲的喜欢是第一眼。

我对所有我喜欢的人，都是第一眼。

然后就十年、二十年、三十年，绵绵无绝期。

我和西洲第一次见面，是2009年初夏，在伊宁市西公园院子中的一个哈萨克毡帐里。她瘦而美丽，轻盈纯净。我穿了件红袍子。

多年后，西洲说，你的酒胆比酒量大。

那天晚上我很开心。我一看见西洲，就觉得人生喜悦。

她的诗歌、小说、散文，全都好。醒龙先生终审西洲小说的意见是：很别致！

有一天，西洲对我说，你记不记得，你离开伊犁时我给你送行，请你吃的是炒米粉。

我说，记得啊，我吃的牛炒，你吃的牛拌。

这就十年过去了啊。我们从伊宁市铜锣湾商场大门口走过，慢慢地走。后来，我们一人买了一双布质的高跟鞋。

6

忽兰和倩茜在大汗帝国的中心。西洲在察合台汗国。翅膀在窝阔台汗国的中心。玉慧在金帐汗国和窝阔台汗国的交界处。

——如果这是蒙古帝国时代的话。

如果你是我一生的爱人，你会见到倩茜、西洲、翅膀、玉慧——一个都不会少。

她们每一个都亲切、真诚、聪慧，甚至狡黠，她们懂我、护我。

也儿的石河上游为窝阔台汗国，也儿的石河中游为金帐汗国。我和玉慧十三岁的小腿立在盛夏的也儿的石河里，我们的裙摆绑在腰间，我们的头发打出雪白的大堆泡沫，我们用樱桃红的蜂花洗发水。

也儿的石河预计的赶到北冰洋的时间，因为我和玉慧1988年的小腿的阻挡，慢了三秒钟。

从此，也儿的石河的"史记"就改写了。

我们洗好了头发就去河岸滚烫的鹅卵石上晒头发。

我们的头发乌黑，玉慧的脚踝纤细如鹿，我的眼皮是典型的蒙古人的眼皮——内双，遇见了阳光和悲伤的时候就有点耷拉。

在河里游泳的男孩子，在河岸晒太阳的男孩子，在我们身背后敞亮的布尔津小镇，还有更多的男孩子。

这些男孩子都不会和我有爱和情。这是奇怪的命中注定——尽管布尔津男孩于我是那么亲切，每一个都如同上帝赐予我的家人。

这些男孩子中的一个，1988 年十六岁，他亦是善于从河的北面游向南面，再从南面游回来的。

我和玉慧微觑着眼睛晒头发的时候，他就在那河面上。我们无法识出他是未来的谁。

他在很多年后，因命运流转而成为从上海回来的玉慧的丈夫。

玉慧之美。玉慧有多美呢？有一年我回来，重庆出版集团的副总——我的领导，一个极美的重庆女子——对我说，玉慧怎么会这么美，简直是江南女子。

我很高兴。虽然领导的意思是——你们同龄，她怎么这样年轻、白皙而美呢？

我总是很喜欢玉慧那么美。

她是我们班的英语课代表。我是语文课代表。我们一到暑假就去河边洗头发、骑车去北河森林。冬天，我们小心翼翼地过绿色冰河，攀登到高高的雪丘上，然后滑下来，滑到背风的雪窝子里，肩靠肩说着真心话。

我们那时候不知道，命运其实是安排我和玉慧要在整个青年时代把中国的中部和东部全走遍。

但是，我们从不曾走散。有一年夏天，我从武汉回去，带着笑笑见玉慧。她穿着雅致的蕾丝花边长裙，挽着头发，给我们熬奶茶。她用的是地道的哈萨克人家煮奶茶的方式——倒出半碗沥过茶叶的滚烫的淡盐茯茶，添加鲜奶，再加奶皮。

我们从中午坐到黄昏，说了很多话——低声地说，因为笑笑在卧室里睡着了。这一年，我们四十岁。

7

十几二十年前，北京大大小小的街边和胡同里有很多出口转内销的外贸服装店。

我的老朋友 SM 兴冲冲地给我寄来一条墨绿蕾丝花边、墨绿底色暗红花的薄织长围巾。这围巾适合春夏之交随意围着。

多少年过去了。2020 年春末，我整理高箱大柜（终于小康了），这条柔软的墨绿蕾丝花边围巾，安好地存留着。

这条围巾在当年卖五十块，而他那时是一介清寒书生。

我那时是一介清寒编辑，如果单位突然通知取消编校费，于我来说，几乎就是五雷轰顶。

我也喜欢外贸店。有一年初春，外面刮着沙尘暴，我和好友季先生逛完书店就进了小店。我看中了一件明艳深紫色的混纺毛背心。

这件背心五十块。那几年有时候我会问他，那么你穿了吗？

我当时买了两件，一件送给了季先生。

我现在很想念用五十块钱买隆重礼物的岁月——那时，我们何其认真而诚挚，且毫不自卑。

墨绿围巾永远在，它和笑笑半岁时候的一件小鹿背心叠在一起，安放在我的樟木柜深处。

那么你戴了吗？他也会问我。

当然戴了，每年春末都戴。有一年春天的深夜，我穿着浅灰色的风衣，系着这条围巾，走进伊犁老苏联办事处。那里有上百棵粗壮的大树，我在大树那密密的枝丫影子里慢慢地走。

慢慢地走，我当然不知道十多年后，我会怎样的高箱大柜（多么满足），以及遇见了一个怎样中意可心的人。

8

难道不是吗？只有友好的一切，才令人眷念。

我所惧怕的、回避的，也曾隐忍，是因为发现了来者暗藏的不友好（轻视、误解、曲解，甚至是恶意和鬼祟）。

我从不愿自己被动"变质"（被欺负后的燥郁），进而无辜地失去自己。

所幸今日的我尚且完好，我尽情地在友爱中活着，永远不去危险之地。我逃跑得总是很迅速，于是很棒——越来越棒（独立、自由、阳光）。

我的心里落下每一滴甘露——我总是忘不了给我友爱的人。

有一年，一个从遥远的边疆回到京都的人，用我的旧名片上的古老QQ号找到我。

这个人与我非亲非故，连交情都无。这个人是个谦谦君子，儒雅坦荡。他向我约稿。

于是这些年，他帮助我很多。但其实，我们连朋友都不是。

今日我想起这个人，就感受到了春天的暖阳。

很多年了，我既不会去探望（叨扰）他，也从不问候他。

但是我永远不会忘记，这个人从遥远的边疆回到京都，找到我这个籍籍无名的写者，并在后面这些年帮助我太多、太多。

而我们连朋友都不是。我们一个是云淡风轻的职业编辑，一个是心中怀着负重恩情的小小写者。

于是我更相信沉默——在我的沉默里,是一万个感谢——它们独自寂静着。

9

并不是每一个人,都愿意进入我的生命。

我也并不是总有因缘际会,请任何一个人进入我的生命。

所以我珍惜你,亲爱的。

苗苗是怎样的一个女孩儿呢?她在二十岁这年的初春给我寄疫情时期的口粮。我打开纸箱,四围垫着洁白的泡塑板,十几个金灿灿的草原酥油厚馕装在一个洁白的新布口袋里,口袋轻轻地挽着,上面写了一个"冯"字——苗苗姓冯。

草原上的人都懂,馕要装在布口袋里,既透气又不容易干硬。如果是塑料袋就会有异味,而且容易生霉。

这就是苗苗的行事。她庄重、讲究、细致、体贴。

她九岁的时候我们相识。她是笑笑的小学同班同学。我和她第一次见面,她就说也想做我的女儿。

那时候的我其实是落魄的,可是苗苗信任我、爱我。全世界仿佛都不要我,但是笑笑、苗苗,还有我的兄长要我。这是我此生莫大的幸运。

然后她从九岁到今天的二十岁,我们的心一刻也没有分离。

她对我的信任,常令我潸然。她填报大学志愿的时候问我的意见。我说,填重庆。

她就第一志愿填重庆。

她果真去了重庆,学习工程造价专业。节假日,她就回重庆我们的家,她做饭炒菜、榨果汁、看电影,她的每一份快乐都能传递到我的心里来。重庆的家因为有她的身影而熠熠生光。

我常想,什么叫一生一世。现在我知道:她们,就是我的一生一世。

女儿们二十岁了,我和她们在一起的时候,只需静静地坐着喝茶说话就是了,她们在厨房里烘焙比萨饼和蛋挞,还榨橙汁。

苗苗在一篇文章里写过,她最大的理想是有了自己的小家后拥有一个棒棒的烤箱。

那么我就想,这个烤箱我会来操办,送给我那美丽的女儿。

再说一遍:并不是每一个人都愿意进入我的生命,并且来了就是一辈子。

10

我的好朋友翅膀姑娘从乌鲁木齐的红山坐公交车,一直到北京路的最北,走一个小时的冻路,就是为了上我家来看看我、坐一坐。

在我们家乡,不互相串门的朋友一定不是最好的朋友。所以她就来了,这是一种仪式。

那天中午,是个大雪天,母亲用沙湾的风干牛肉炖沙湾的土豆、烧奶茶、做馕,招待翅膀。她有说有笑,特别认真地做客,和母亲大人闲谈。我总是忧郁的。我和她坐在铺着和田地毯的小床上说话,她环视着我家说,再简朴的家,只要有地毯、有水晶杯,就有富足气象。

难道本章节我是要写蜗居里的水晶杯吗?不是,我要写这世上一对一对吵架的人后来怎样了。

翅膀几乎是我"唯二"的女朋友。但是只要我们混在一起的时间大于一个白天,双方就渐渐会有暴跳的东西冒出来。有一次在北京,她第一次坐地铁,刷了卡之后过得慢了,结果就过不去了,她恼羞成怒地对我喊叫，觉得我不应该先通过，要搀扶着她过了之后我再过。她说她从来都是公主范儿的，今天丢大人了。我说，没有一个人看你，更何况全是陌生人。

还有一次，她又来北京看我，发现我结交的女性朋友一定不靠谱，于是神情肃杀，教育了我三个小时，又几乎是暴跳的。

只有一次她是温柔的，我们在北戴河见面，两个人夜里去踏浪，去俄罗斯街散步。她没有暴跳过一次，始终款款温柔——是不是觉得我当时风雨飘摇，她终于不忍心了？

十多年后，我突然发现两个很容易就暴跳起来的人，感情却是最坚固的。因为什么呢？因为吵架是近距离的活儿，只有自己人才不认为这是冒险。和外人暴跳半下，后果都是严重的——更确切地说，不划算，谁愿意浪费半点儿精力在不值当的人事上呢？人世间最大的冷漠就是客客气气。我对自己喜欢的人从不忍心客气对待，甚至沉默都比客气来得真挚、火热。

那些从不吵架的人后来怎样了呢？

举案齐眉了。案子挡住了眼睛，彼此不看，渐渐很客气，其实很冷漠。

吵架意味着感情深刻，气力也旗鼓相当，能绞缠上力道。棋逢对手的友谊才是真的喜爱。

在乎一个人，才肯扔出惊天动地的生气、悲伤、质问。那种懒洋洋转身就能走、看起来真和气的关系，是什么也没有的关系。

虽然吵不起来，但所生的气，无力解决——也不知道怎么解决。如果两个人是这样的关系，可真是危险——那是最熟悉的陌生人。

11

我对倩茜说,喝了这个茶,世上再无好茶。

倩茜说,那么你不能爱上他。

为什么呢?

友谊永远比爱情保险,做好朋友,至少你每年有一份新茶喝。而爱这个东西,可能会让你失去全宇宙。

新茶和宇宙,两个纸团,我踯躅、彷徨、犹豫,然后一个春天就过去了。

不去爱,我会每年都有世上最好的新茶喝。

去爱,也许将来我会被他、他者、人间、世界,无情解构。

解构这个词语比手术刀冰凉坚硬、锋利刺眼。

当然,不去爱,只做好朋友,也不一定就有新茶喝(此处要哈哈大笑)。

倩茜的自信满满、坦荡无邪,是她的独特魅力所在。

12

在这座城池待到七年整的时候,我不再想着离开了。

热爱一座城,或曰融入一座城,是因为你和这座城里的一个人是信任和爱的关系,于是连带着这座城也成为你生命的重要板块,怎可抛却呢?

倩茜就像我的家人,每天有声音萦萦绕绕,提醒你、叮咛你、奉劝你,有需要分享的事和情绪,迫不及待就会说出来。

我也对倩茜说,说了就舒服了。

但我们从不议论或说到任何一个他者,这是我们彼此互为敬重的原因之一。

这七年的时光，足以被人遗忘，也足以遗忘别人。

这七年的时光，我和倩茜从浓到淡、从淡到浓，最终成为浓淡总相宜并久久长长的好朋友。

那一年，醒龙先生又催促我在这座城买房。午饭后，倩茜拉着我坐上公交车去往一片新开发的楼盘。她从地上捡起一张有一个大脚印的海报，她说，走，就去这家。

她比我还认真，小脸庞很严肃，在售楼部争取到优惠的折扣，一万块瞬间就省了下来。

因为总想着离开，买房这件事我却是漫不经心的。

多年后回望，其实我今天的温馨生活却是倩茜的努力促成的。

我一直坚信，如果一个人邀请你去府上做客，那么你一定要好好珍惜这个人。

倩茜的母亲很美丽，而且又做得一手好菜；她的父亲很帅气，常有发自肺腑的诚恳智慧之言赠与年轻人。

我吃过她母亲制作的糯米枣糕，喝过她母亲熬制的银耳汤，我的心惴惴的，因为不知道这样的深情如何报答。

在这座城池成为疫城的六十天封闭的日子里，又是她陪伴我度过。她帮我算日子。从十堰出差回来，数到第十四天时，我说，应该没有传染上。她说，不行，到第二十一天没事，才能放心。

然后到了那一天，她告诉我，你没事啦。

我听见她真切清脆的声音，感受她单纯热情的心，体会她认认真真对待友情的态度，我就想，这座城热热的，我其实一直都是喜欢的。

倩茜是一个怎样的人呢？干净、时尚、美丽、勤奋写作，机灵沉稳。

有一天，我看见她和作者的对话，那又是另一个样子了——很严肃，从邻家小妹妹升级为大学女教授啦。

我们之间虽联系紧密,但说话总是字斟句酌,怀着小心——生怕就伤着了所喜欢之人。

她从不说令我觉得突兀难堪的话。她的定力和修养、珍惜友情的决心,我都受教了。

于是,我将来也不会对我心爱的人说没有尺度的话。

是她教会我怎样去对一个人好。

大疫结束,谢谢陪我度过六十天的倩茜。

13

很黄很大的太阳沉入海里,然后升起半个白白的月亮,我在月亮底下跑步。

我的母亲会在微信里拼命地嘱咐我:你一定要好好过,好好珍惜今天的事业。然后她又会有疑问:那么你不会觉得太孤单吧?

我放声大笑。

因为就连我夜跑的时候,也热闹得紧。

我在洁白的半个月亮底下一圈一圈地跑,轻盈如鹿,愈跑愈勇;倩茜则在手机里给我讲一个西班牙的电影,她一面讲剧情一面分析人性,令我茅塞顿开、惊讶万分。

只有很小资的人才会洞察人性,因为他们活得自信轻松。显然,我是大妈型的,动辄非黑即白,于是陷入窠臼。

在一个小时的夜跑里,倩茜一直在给我讲电影,中间她接了个儿子的视频。我以为她会就此打住忙别的去,但是她又回来继续开讲了,就像一个兢兢业业的大学女教授,放不下学生。

我跑着步,听她在末了给我提写作的建议。她说,在"量"上你已达标，现在到了冲刺"质"的时候了。

我颇为服气，并且在月色里慢走一圈的时候，赫然发现腰身窈窕，于是认定自己是这个城市里最幸福知足的人。

我对倩茜的感情就像酿酒——酒静静地躺着，多年后就成了。有一天，我去十堰讲座，我的第一句话竟然是：我很爱十堰，因为这是倩茜的故乡。

我听见自己的心里哽咽了一下。

天哪，感情真的有这么深吗？

然后，我们的感情就是这么深了。

倩茜是唯一愿意听我絮絮叨叨旧事新愁的人。这个小资姑娘手中的宝剑动辄一挥，或者斩去我的烦恼，或者指明前进的方向。她的睿智和犀利，令我渐渐不那么大妈思维了——我放过了我自己。

我愉快而充实。母亲的担忧完全不存在。

武汉人说一个女子厉害，称呼她为女将。倩茜是个为人、生活和写作皆优秀的女将。但是倩茜过于美丽了，所以不要叫她女将。

有一天，倩茜发来几张长卷发姑娘的画。她说，好好，你就是这个样子的。

我看着这么美好的画里的姑娘，就觉得自己果然是美好的。

14

我三岁的时候跟着母亲出行。

出门前，母亲做了三个白布口袋——是用旧的面粉袋去额尔齐斯河洗干净改做的，两大一小，小的很小，正好可以搭在我三岁的肩膀上。

那时，父亲去手工艺联合社上班啦。我的姐姐虽然才五岁，却已经是布尔津二小的一年级学生了。她在入学面试的时候被老师们大加称赞，因为她不仅会加减法，还脱口而出背诵了乘法口诀，而且她的声音清脆极了。她还背诵了一首诗：早上起来，面向太阳，前面是东……

这个神童美誉带来的自信一直跟随她到今天。她今天的眼睛依然像黑玉一样闪亮，声音也依然脆脆的。

我扛着小小的白布口袋，执着地下到麦地里，看见麦粒就目光熠熠。这个专注和艰苦，则跟随我到了今天（此处大笑）。

那一年，我的妹妹还没有出世。

我和母亲搭乘了一个顺风牛拉勒勒车，往布尔津正北的冲乎尔公社去了。"文革"时期，公社改名为红旗公社。

大河、森林、旷野、海子、高山，终于，山谷底一个低洼的小平原出现了。有白杨和炊烟，草卷和麦地。

麦子已经收割过了，牛羊马鸡、大鸟小鸟，都往麦茬地里钻，没有人来轰赶它们。

这就是静谧之金秋了。四十年过去了，我不会忘记那金色和气味，不会忘记风流动的样子，还有牛咀嚼的样子。

我和母亲也下到麦茬地里——捡麦粒。康拜因（即联合收割机）走过的麦地，掉落的麦粒可以属于天下任何生灵。

母亲带我住在公社里的一个康姓人家。母亲多年后给我讲述：你到了他们家太累了，一直在睡。他们家太热情了，当天杀了一头猪迎接我们。

母亲第二天下地捡麦粒，并不舍得带我。但是我攥着属于我的小白布口袋，泪水滂沱，坚定要去。

母亲说，你跳着脚，小腿蹦到胸口——你从小就比我们厉害。

那个金色的秋天啊，麦地里安安静静的，我有时会望向四野发愣，这就是我文学的萌芽之一——命运让我很早就站在旷野的中间，被远方的森林和近前的风裹挟,于是思索从何来、去向何处的命题。

这个杀了一头猪迎接母亲和我的到来的好人家,是从内地下放到边疆的知识分子家庭,男主人从前是一家报社的编辑。

我们在半个月后坐了一个顺风卡车回家,搬下车一麻袋麦粒——每一颗麦粒都是母亲用拇指和食指捡起来的,母亲的手指已经皲裂了。深秋正式来到布尔津,大雪很快就要来了。我常常深深地注视着比我壮大很多的一麻袋麦粒。

麦粒被父亲送去粮食加工厂,换成了白面粉。那年春节的饺子吃进我的嘴里,母亲说,浩浩要多吃几个——这是浩浩的功劳啊。

很多年以后,因为写作,我认识了一位康姓男子——他可能正是那个好人家的儿子。

我从来没有对他说到1978年的秋天,他家杀了一头猪接待母亲和我这件事。

第一,母亲说的康姓人家就一定是他家吗?第二,我最不喜攀附,而这个男子是一位成功人士。

然后到了2016年,故乡几个写作的朋友来内地进修——他们觉得既然都出了玉门关,那么到哪里都是近的了。于是,他们决定一起来武汉看望我。

康姓男子也来了。我们既是文友、又是同乡,他向我的领导认认真真地敬了一杯酒,他说,感谢你们对张浩的照顾。

他一直喊我张浩。他说,不要改名,要堂堂正正。

晚饭后,我请大家去我的新家喝茶吃水果。康姓男子坐了一会儿说他要先走,因为夫人有很多家事要在电话里和他商量。

后来他们都走了,已是深深的夜,我进卫生间洗漱,打开镜柜,赫然看见一个红包。

他给我发来短信。他说，你一个人在外不易，终于有了自己的家，这是我的一点儿心意。

怎么说呢？我离开乌鲁木齐至今十六年，他是唯一一个给予我这样心意的人。他一定知道我多么艰苦、多么忍耐，于是他是慈悲甚至悲悯我的。

我收下了红包。就像我的至亲的亲哥哥给我的。一条温暖的大河漫卷着我。

这就是宿缘吧——如果三岁时我和母亲确实就是在他家住下的。我其实什么也没有对他提起过，但是他就是很亲、很善的。

15

这是开往2020年初夏的地铁。戴着口罩的我，眼睛里涌满了泪水。

随着地铁摇摇摆摆，之后对接一列暗绿色的夜火车；随着火车摇摇摆摆，像蛇一样蜿蜒过一百座大山，扑入我的旧城；一城飞架摇摇摆摆的地铁，自东向西，终于驶入我的旧生命。我握着钥匙，轻轻推开门，我的蓝墙和蓝窗帘映入眼中。

我的泪水在预示和昭示着什么。

——所有不对的，终将烟消云散。

——那所有对的呢？艳红的、有着五枚花瓣的一朵花，它自尘土中来，自空中渐渐降落，最后清晰落地。它还保留着红艳，谁也无法说它不曾有过、不曾来过——它是明确的，确切的。

我的泪水，在空空荡荡的地铁里、在辗转反侧的夜火车上、在熙熙攘攘中我那闷热的口罩里、在我试图写出却什么也不能写的手指里。

人之外所有的生灵都高贵，因为它们什么也不说——生则生，聚则聚，散则散，死则死。如果它们很有爱，它们将更加静默；如果它们被残害，它们也更加静默。

地铁和火车摇荡着我的泪水，我的欲诉却失声的手指——它试图表达它飞翔的婉转野心。

但是它坚定地闭合了，于是泪水漫过整个四月和五月。夏天金黄而嘹亮，但这不能够吸引我；唯有春月的变幻、暗郁、阴柔，才能攥住我的心脏——它依然健美，长着调皮的唇和机警的眼睛。

这也是友谊之一种——在路上，难言、无言。

我去叩城门，黄昏中，命运不言。

16

季先生是吸烟的，他吸着香烟微笑说话的样子，我是记得的。

有一年季先生高升，他请我和我的同事——一个"85后"女孩——吃饭。

江浙人在北京一定要找淮扬菜吃。熏鱼、糖醋小排、拌豆腐丝。

曾经的我无辣不欢。

于是我请季先生点一份切碎的小米辣。

季先生夹着香烟的手一挥，对服务员说，加。

我又请季先生点一份小炒肉。

季先生夹着香烟的手一挥，对服务员说，加。

一顿饭吃得喜气洋洋。

后来，"85后"女孩子对我说，我以后找男朋友就找季先生这样的。

我不知道十多年后的现在，这个女孩子的丈夫是不是如她当年所希望遇见的那种人——挥手之间就实现女生的诉求。

季先生的事业越做越好。最近，他说等世事安稳了就和秒先生约上，一起去重庆找我玩。

我说,来。

他又说,或者来武汉找你玩。

我说,来。

今天我才知道,说话字数越少,就越值得信任——因为有默契和亲厚。

说一箩筐的话的人,本不自信,更或许有掩饰和敷衍,于是使用盛大的语言。

很多年后,我倒是遇见了一个如季先生般简约豪爽的人。

我说去贝加尔湖。

他说,去。

我说去哈萨克斯坦。

他说,去。

我说去禾木。

他说,去,住半年。

他又补充一句,你什么也不用操心。

我真的是喜气洋洋——就像季先生十多年前请客的那晚的气氛。

我庄重地说,我自己是有钱的,AA 很好。

他说,你存好,不用动。

其实,善良女生的诉求都不会有多大,但一秒钟挥手实现女生愿望的男生,则很少很少。

在我这里,去不去远方已完全不重要。也许我是自己出发。

人生历程中的欢畅在于,那一个一个字掷地有声——比如,加;或者,去。

17

我的诤友在2017年除夕,在微信上进行了美食才艺表演。

家传肉皮冻——

卤过鸡羊牛的肉汤,沥去骨渣。

另熬一锅肉皮汤,和前者混合在一起。

肉皮改切成丝条,肉汁里混入彩椒丝、香菜碎、香葱绿叶碎。

把这一盆浓汁放到没有暖气的阳台上。

第二天一早就可以划开厚墩墩的一块咖啡色肉皮冻,薄薄的一层北方的雪霜,里面裹含着肉丝、肉皮、红椒、绿香菜和香葱。蘸食用香醋、蒜、油泼辣子调和的汁。

我记得那个春节,诤友一直在做家务才艺展示,令人深知他的妻子和女儿是世界上最受宠、只负责貌美如花的女性。

其实,能够成为挚友、诤友的人,一定是品格在先。

能够成为恋人、爱人的人,却是颜值和风范带路、品格做总收。

我热爱肉皮冻,它太适合两三好友下酒叙旧了。所以,会做拿手家传肉皮冻的诤友就成为我永远的诤友了。

想吃面肺子。

想吃烤肠子。

想吃俄罗斯冰激凌。

想喝鲜榨石榴汁。

想吃杏干酱点心。

想吃锡伯椒蒿炖鱼。

想在老苏联办事处的院子里散步。

想吃一口带冰碴子的卤牛肉,喝一口伊力特,仰躺在伊犁河谷大雪地,大月亮照着冰。

想去阿力麻里。

想带我最爱最爱的男人回来看你。

诤友,我只有这一个。他曾对我说——
不要去想一切已经过去的不开心。
也不要说。
永远遗忘。

18

疫情期间,我先是收到维吾尔族姑娘阿舍从银川寄来的一大箱肉和甜食(帮我度过了最贫乏的日子),然后是蒙古族大哥千夫长先生寄来的雀舌茶(我和倩茜家兄一起分享了整个新的春天),接着是满族大姐婷婷从长春寄来的野生木耳和野山参(婷婷姐姐精通日语,她还寄给我一块日本大手绢,而我最爱和风)。

还有土家族大姐冉冉给我寄来的口罩。

我还真的一直没有口罩——连一个都没有。我的口罩是一个防尘的,买别的东西搭送的。我就戴着防尘口罩完成了下沉社区入户排查的任务,又戴着防尘口罩把守社区的大门。后来,社区给武汉市文联寄去感谢信和颁发给我的荣誉证书——我的防尘口罩简直是我的小护法。

冉冉在 2020 年初春给我打来电话,她在电话里落泪了,我听见她的哽咽。她说,好好,你在武汉,我想着你就很担心,又很难过——有一种帮不上你的难过。

我今天写到这里,又落泪了。

我和冉冉的缘分有多深呢?快十年了,我几乎不曾主动和冉冉联络。

她曾经对我说,好好,有了创作成绩要记着和我分享啊。

而我没有这样做,是因为深恐叨扰任何人。并且我觉得自己一直在摸索,是一个籍籍无名的写者,何谈成果呢?

然而,冉冉见到我总会欣喜地说到我最近在哪里发的作品她很喜欢。她总是赞成我的文学观。

我如果回重庆,十次有两次去位于重庆大礼堂附近的她的办公室找她。

她何尝不是我的姐姐呢?一次,她送给我一条艳桃红色的真丝长围巾。一次,她送给我一大罐黑咖啡和几个本子。她说,好好,这个本子薄,随身带着记录灵感。

十年过去了,我对冉冉说的话少之又少,她却从未离开我的命运。她远远地看着我,说出的话常常吓我一跳。

她说,好好,红梅这就上大学了?你们都很棒。你要给红梅说,任何时候都可以找我。

原来,冉冉姐姐的目光从未离开过我。

人的灵魂是有高贵和平常之分的,这个毋庸置疑。冉冉是我见过的唯一正大仙容者。我有多少次远远地望向重庆的她——她的静默、诚恳、真心、正义……

红梅上大学了,这多么不易。我告诉冉冉,红梅学的是中医。我和冉冉一起为我们伟大的缘分安静地落泪吧。

红梅是酉阳铜鼓乡人。冉冉的祖上就是那里的。而我在帮助红梅的时候并不知道这些。

多年后,冉冉说,好好,酉阳也是我的故乡。

冉冉吃素。冉冉爱小动物。冉冉的诗歌在简约中流动着充足的温婉。冉冉早年是在涪陵读的大学,所以我爱涪陵,所以我读《江城》那本书就感觉很亲切。

冉冉是中国四大文学奖之一骏马奖的获得者。

然而,我总是很少很少地联系她。太敬重、太喜欢一个人,其实是静默的,因为不忍近前去。

19

有的人活到七十岁,还是森茉莉那样的可爱少女,比如张爱玲,如果萧红能活得很久,她也会。倩茜最爱萧红和张爱玲,我也是,这真好。

有的人二十岁就是大妈了,因为心很容易沾染油腻——大得大喜,小失大丧,眼珠微转,手心紧攥。她们拒绝用清亮的玻璃心肝说话,她们惧怕真实夺走了身家。

我惧怕大妈,也惧怕成为大妈。当我知道自己依然愿意奉献,且不趋附于任何人,才放心入睡,否则第二天清晨醒来,自己的眉目会是多么可憎。

我至今仍弹跳着活着,面容不干枯、钱包不干瘪、心灵不死掉。翅膀今早说,啧啧啧,上天多么公平,对心善的人总是格外关照。

其实,我今天不是特意自我表扬来的,我要说的是三小姐送我的苹果牌牛仔裤。

十年前的东莞,在苹果牛仔专卖店里,一条裤子卖八百块。三小姐在那个初冬南国温暖的风里一挥手就买给我了,她说,你的生日礼物。

然后,我们又去了新华书店,买了彩色印刷大开本世界文学杂志社主编的《外国诗人诗集》。是这本诗集带我步入真正的文学宫殿。七十八块一本,三小姐挥出钱包就买下了,塞到我手里。

三小姐在那个初冬遇见了不开心的事。我去深圳出差，然后火速赶到东莞，安慰三小姐。

她说，走，咱们购物去。

于是我欢天喜地、大包小包地走在三小姐身边。在某几个时刻，我真的忘记了我来东莞是陪伴并努力用言语安慰受伤的三小姐的。

我坐上往广州机场去的大巴，使劲儿对三小姐说，谢谢啊，终于有苹果牛仔裤了。

三小姐苦笑了一下。我慢慢地才开始反思自己是多么没心没肺。

几年过去了，又是一个隆冬，三小姐坐高铁来武汉看我。我一脸苦楚，因为我遇见了伤心事。

三小姐蔼然微笑说，怕你想不通，所以来陪陪你——那么，我们现在去吃传说中的热干面和公安烧饼吧。

三小姐还吃了鸭血粉丝汤。她还拍照，发到微信里。我很多年以后才用微信，因为我曾经特别反感这个东西——太闹。三小姐说，武汉的各种美食，这次最好都能试一试。

我一面不停地想我的伤心事，一面带着三小姐钻小吃店。她一笑，眼睛像月牙儿。

夜里，我打开衣柜，找出来崭新的羊绒衫和羊绒围巾，塞给她。

——你还没穿过就给我？

——对，是他送的，所以全都不要了。

三小姐笑了，说，没想到你不开心，我却有这样的好处。

三小姐又吃了袁大头包子，于是比较满意地提着行李箱往武汉高铁站去了，她在出租车上挥手，又是月牙儿那样地一笑。

多年前的三小姐没有被人生大浪拍死，我心满意足带着苹果牌牛仔裤和豪华诗集辞别东莞。

多年后的我没有被人生大浪拍死,三小姐欢欢喜喜地带着崭新的羊绒系列辞别老汉口。

我们难道不是为了安慰对方才立刻出现在对方的城市的吗?但是我们一见面就忙着吃喝购物了。别的事、别的人,原来于我们而言并不是真的就那么晴天霹雳。

我今天穿上了苹果牌牛仔裤,我的身材因为跑步和十年前没有任何区别,牛仔裤太棒了,并且我依然不是大妈。

20

十多年前,我有一次去重庆出差,返回北京之前绕道去了遵义。从重庆到遵义要坐绿皮火车。

他们夫妻俩开车到遵义。在火车站,他的太太向我走来,第一句话是:你的状态不太好,很累吗?

我在心里说,是的,很累很累。

那时候,北京的房租还不像今天的这么贵,但是做出版也不是多么斯文文静的事,我要去联系、去发现、去实现。我心力交瘁。

这种累没办法对任何人说。因为任何人都会说,你可以离开北京啊。

我们在遵义待了一夜。我只想吃街边小摊的家常炒土豆片,但他们领我吃大圆桌丰盛的鱼肉。我只是觉得累。

原来,活在辛苦中的人是没有资格享受友谊的。换到今天,我一定会从容悠然、细品浅笑静静。

第二天,我们去贵阳。在他们家,他的太太亲手做了一桌丰盛的菜。他们吃素,肉单单是为我做的。因为那天是我的生日。

白天,他的太太忙碌家宴,我和他去山里看一个旧纸坊,那里有个古老的、不是太大的石磨,他说想买回来做茶台。

我们一直在山间小路上走,金色的包谷场,我说很少的话,野草长得很高。午饭在农家乐,我要的土豆片配米饭。

那天夜里我刚在饭桌上坐下,就接到了卫平的电话,我的猫已经送去医院——它快要死了。

于是我在他们家哭了一夜。我睡二楼,关上卧室门一直哭。大清早起来收拾,往机场赶。

他在机场非要给我一盒茶叶。我不要,我说箱子装不下,他把茶叶包装全丢掉,一堆茶袋,他说,这样就可以塞到箱子边角了。我打开箱子到处塞。

他的太太给我一个很厚重的雕花银镯子。十多年后,我看见二十岁的笑笑左腕上戴着它。

他说,这个茶叶很好喝,你回去试一试。

我回到北京十里堡的小屋,一喝,可真好,像雀舌的纤细和味道。

多少年了,我为我当年从头到尾的疲累和哭丧而感到抱歉。

红梅上高中三年的学费,他提早就说他包了。三年六个学期,一万二。他一到开学时间就打给红梅的小学老师何春花。春花再转给红梅。

这就到2019年了,红梅终于上大学了。这一年,我看见他在微信上帮家里的大哥卖大米。

他的哥哥是地道的农民,太阳将这位兄长的皮肤晒得黝黑,兄长在稻田里专注忍耐的眼神令人心疼。

一万二可以买多少米,或者说,卖出多少斤米才能赚到一万二。

21

文敏打来电话:好好姐,你吃饭了吗?

我说：你到底要说啥。

文敏又一次打来电话：好好姐，你在干吗？
我说：你究竟要说啥。

我和文敏是真正的礼尚往来之交。
五六年前，文敏来家里做客，我为他们做红烧羊肉、腊肉炒红椒，喝野山参酒，喝二十年生普。我送给文敏一块黄沁籽料，送给湘鄂一块白玉浮雕荷花。
后来，文敏去苏州出差，自我感觉我送他的那块黄沁比较有价值，于是当即买了一条艳桃红苏绣杏花花朵的长乔其纱丝巾，回赠我。
这条丝巾是我所有丝巾里最贵的，我去毕节出差，第一次、大约也是我此生唯一一次见到我十分尊敬并喜爱的F先生，就是戴着这条丝巾。它确实美极了，它使得我在毕节的照片里很美好。
如果文敏可以和任何人做好朋友，我便不会和他做好朋友。但事实是，文敏确实可以和任何人成为好朋友，我也依然和他成了好朋友。
有一年冬天，很冷，我到咸宁找温泉泡，提前从泾县订了一卷宣纸空投给文敏，这才安心地享受文敏为我订的酒店。
又有一年初秋的温暖小雨丝里，文敏在火车站闲闲地等我们，我们三兄弟几乎搂着肩膀往停车场走。那一次，我们去了古村子，我捡了一片清代的青瓦，文敏帮我要了一个清代的窗子花砖。它们现在都在我家里蹲着呢。
最近一次去，文敏太太的父亲住院了，我们去医院看望老人。文敏太太的母亲不停地唏嘘：文敏啊，你的朋友对我们这么好，我们好感动啊。
如此算来，我在武汉七八年，咸宁我去的次数最多。我喜欢文敏闲闲地在火车站等我们的样子。

文敏是了不起的,二月初就主动下社区,在一个四千人的大社区起带头作用,一直忙到四月初。我无法去想有两个孩子、家中老人常年住院,这样的一对夫妻在疫情最严重的时候,为了社区正常运转每天早出晚归。

到了四月底,文敏完成三十万字咸宁抗疫实战书,里面的大部分文字发表于《红岩》《山西文学》等杂志。

我对文敏非常信任,如果我哪次胆结石发作真的需要一个人帮忙,我会想到文敏——他一定会冲到火车站赶到汉口,于是我就万事无忧了。

文敏常年写书法、抄《金刚经》,我送他的玉他当作镇纸,总是闲闲地落在金刚经纸页上出镜。我看见了就很喜欢。

今年还要去咸宁泡温泉、走古村子——尽管李闯王在庄稼地里被捉的画面让我甚感悲情。

图书在版编目（CIP）数据

你生活的样子就是你灵魂的样子 / 忽兰著. — 北京：
北京时代华文书局，2021.9
　　ISBN 978-7-5699-4138-8

Ⅰ.①你… Ⅱ.①忽… Ⅲ.①散文集－中国－当代
Ⅳ.①I267

中国版本图书馆CIP数据核字(2021)第178668号

你 生 活 的 样 子 就 是 你 灵 魂 的 样 子
NI SHENGHUO DE YANGZI JIUSHI NI LINGHUN DE YANGZI

著　　者	忽　兰
出 版 人	陈　涛
策划监制	小马BOOK
责任编辑	张超峰
责任校对	凤宝莲
装帧设计	琥珀视觉
书籍插图	马陈兵
内文制作	刘龄蔓
责任印制	訾　敬

出版发行 | 北京时代华文书局 http://www.BJSDSJ.com.cn
　　　　　北京市东城区安定门外大街138号皇城国际大厦A座8楼
　　　　　邮编：100011　电话：010-64267120　64267397
印　　刷 | 河北京平诚乾印刷有限公司　电话：010-60247905
　　　　　（如发现印装质量问题，请与印刷厂联系调换）

开　　本	787mm×1092mm 1/32	印　张	9.5　字　数 210千字
版　　次	2021年10月第1版	印　次	2021年10月第1次印刷
书　　号	ISBN 978-7-5699-4138-8		
定　　价	48.00元		

版权所有，侵权必究